목사가 왜 정치를 해?

목사가 왜 정치를 해?

발행	2022년 2월 5일
지은이	정성구
발행인	윤상문
디자인	박진경, 전지혜
발행처	킹덤북스
등록	제2009-29호(2009년 10월 19일)
주소	경기도 용인시 기흥구 동백동 622-2
문의	전화 031-275-0196 팩스 031-275-0296

ISBN 979-11-5886-239-8   03230

Copyright ⓒ 2022 정성구
이 책은 저작권법에 따라 보호받는 저작물이므로 무단전재와 복제를 금지하며, 이 책의 내용의 전부 또는 일부를 이용하려면 반드시 저작권자와 킹덤북스의 서면 동의를 받아야 합니다.

※ 잘못된 책은 구입한 곳에서 교환하여 드립니다.
※ 책 가격은 표지 뒷면에 있습니다.

 킹덤북스(Kingdom Books)는 문서 사역을 통해 하나님의 나라를 확장하고, 한국 교회와 세계 교회를 섬기고자 설립된 출판사입니다.

목사가 왜 정치를 해?

정성구 지음

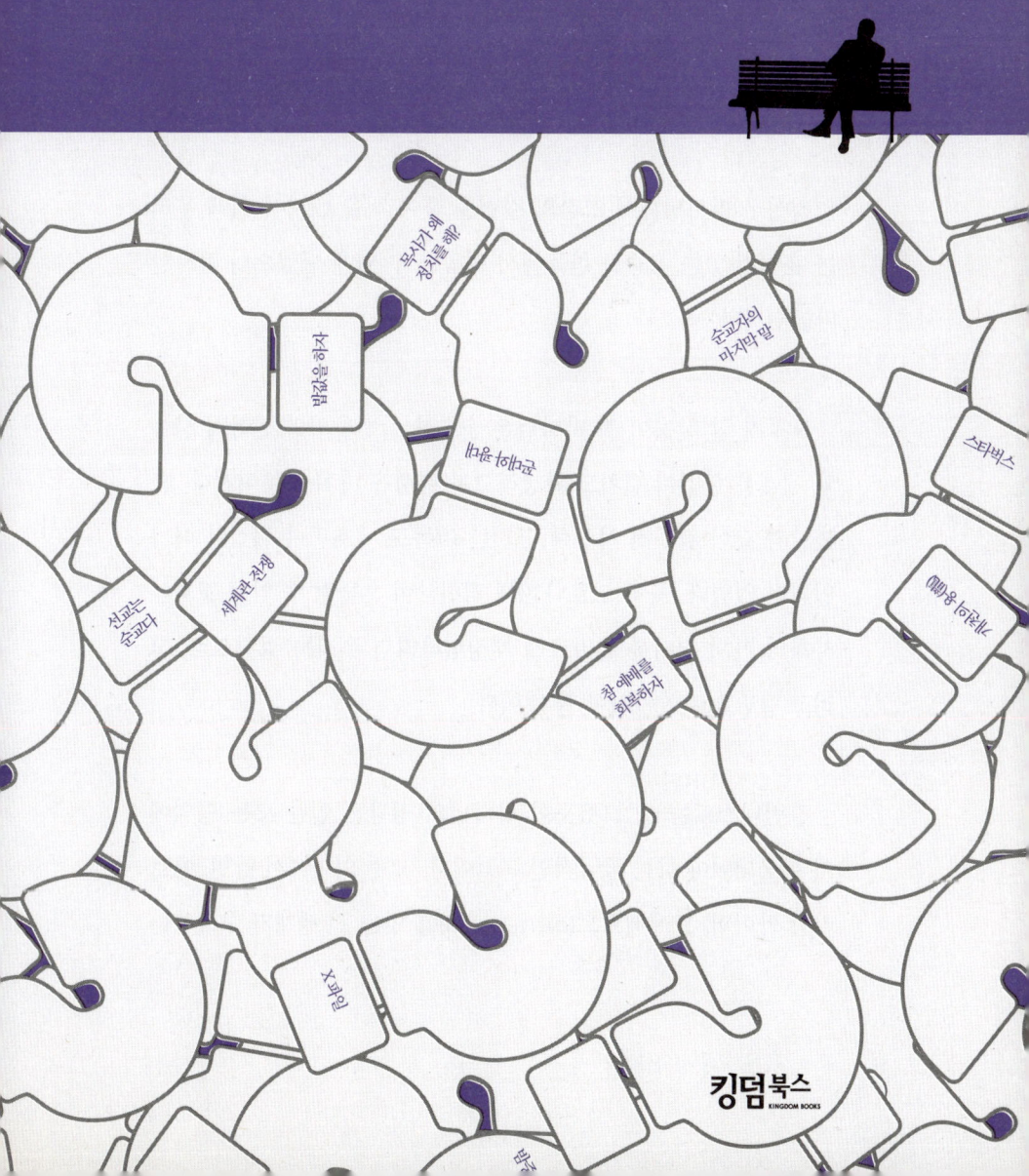

킹덤북스

추천의 글

황우여 박사(전 교육부장관 겸 부총리)

정성구 박사님께서 그간의 칼럼을 묶어 책을 내셔서 이제 우리는 흩어져 있는 글들을 한곳에서 일독할 수 있게 되었으니 감사할 따름입니다.

모두가 잘 알듯이 정 박사님은 순수한 칼빈주의의 신학적 사유와 체계를 한없이 펼치고 확장하고자 평생을 바치신 분이시다. 오늘날과 같이 칼빈적 사유에 근거한 기독교 세계관이 절실한 때가 일찍이 없었다. 특히 코로나19에 직면하여 흔들릴 수 있는 교회와 사회의 가치 질서를 올바르게 재정립하려면 우리는 성경으로, 그리고 칼빈으로 돌아가야 할 것이다.

칼빈니스트는 늘 그랬듯이 하나님의 영광은 인간 모든 영역에서 추구되어야 하는 궁극적인 목적이다. 그런 의미에서 칼빈, 아브라함 카이퍼, 도예베르트(dooyeweerd)를 잇는 전 세계가 주목하는 대학자이신 정성구 박사님께서 정치 분야에 깊은 관심과 광활한 견해를 피력해 오신 것은 그 연장 선상에서 마땅한 일이시다.

하나님의 뜻에 의하여 건국된 대한민국의 건국 이념을 구현하여 '나라이 임하옵시고'라는 하나님 나라의 구현에 힘쓰는 일이 가장 중요하니, 굳건한 성경적 기반을 갖춘 기독 정치인이 줄기차게 나와야 하고, 교회도 마땅히 기독 정치인 양성에 기도하며 매진할 때이다. 이러한 시대적 소명 앞에서 피를 토하는 심정으로 쓰신 정 박사님의 노경의 역작을 모두 일독하시기를 권하는 바입니다.

추천의 글

김경래 장로(전 경향신문 편집국장)

정성구 박사의 글은 우선 쉽고 명쾌하다. 가식이 없고 과장이 없다. 그러기에 광폭적인 독자층을 형성하고 있다. 그가 거론하는 소재의 다양성과 다차원의 논리 전개는 현실을 파악하고 이해하는데 엄청난 교훈과 영감마저 품게 한다.

정 박사의 칼럼은 질적으로나 양적으로 보아 동시대의 80대 노학 누구 못지않게 돋보인다. 그 근본적이고 본질적인 서술 체계의 중심에 하나님의 말씀이 뿌리와 밑가지를 이루고 있다. 곧 "주의 말씀은 내 발의 등이요 내 길의 빛이니이다"(시 119:105)라는 말씀이다.

그러니까 정 박사의 수많은 논설에는 그 등과 그 빛의 조명이 지혜롭게 교차되고 있음을 감지하게 된다. 이 책을 읽으시는 독자 여러분의 큰 공감을 기대한다.

추천의 글

박종구 목사(월간 목회, 크로스웨이 대표)

구약 시대의 선지자는 신명기 신학의 기저 위에서 시대를 통찰하고 메시지를 선포했다. 왕조 시대 권력자와 백성들의 불의를 지적하고 경고했다.

선지자는 두 그룹이었다. 참 선지자와 거짓 선지자다. 그 예언이 역사에서 성취될 경우 참 선지자요 그 반대일 때 거짓 선지자다. 전자는 권력자로부터 모진 박해를 당하고 백성들로부터는 유랑시인 취급을 받았다. 후자는 권력자를 옹호하는 메시지로 환심을 사서 특권을 누렸다. 아모스 시대의 아마샤나 예레미야 시대의 하나냐가 그랬다.

신약 시대의 선지자 세례 요한은 당시 권력자의 불의를 예리하게 지적하고 사회 전반에 만연된 부패를 통렬하게 고발했다. 그리고 구체적인 대안을 제시했다.

『목사가 왜 정치를 해?』의 저자 정성구 박사는 이 시대의 선지자다. 그는 칼빈주의 개혁신학자로서 성경적 교회관과 국가관의 시각으로 이 시대를 통찰하고 있다. 기독교 세계관의 빛으로 현상을 해부하고 현상 너머 본질을 추구하여 그리스도 중심으로 방향을 제시한다. 저자는 본서에서 우리 사회 패착의 하나인 정치 후진성을 지적하면서 그 해법을 제시하므로 주관적 시론이나 정치 평론을 넘어서 공의가 흐르는 정치 선진화의 본질적 거대 담론을 이끈다.

저자가 오늘의 정치 풍토를 차용하되 우리의 처지를 현학적 레토릭으로 호도하거나 서구 신학의 유통업자 처세가 아닌 투명하고 육화된 워딩으로 교회 사랑 나라 사랑 세계 평화의 길로 안내한다. 이 책의 메시지는 어둠의 세력을 향한 '광야의 외치는 자의 소리'요, 오롯이 밝은 미래를 여는 잠언이다.

추천의 글

조우석 평론가(평론가, 전 KBS 이사)

미리 밝히지만 나는 지난해 말 기독교를 받아들인 초짜 신자다.
한국 교회를 대표하는 정성구 박사님의 이 귀한 저술에 글을 얹는 것 자체가 어불성설이다. 다만 그분과의 특별한 인연부터 밝힐까 하는데, 그 어른이 지난해 펴냈던 두 권의 단행본인 칼럼 모음집 『목사가 왜 욕을 해?』와, 좀 더 본격적인 강연 모음집 『개혁교회의 꿈』을 각각 빨아들일 듯 읽었다. 그 토대에서 유튜브 방송에서 리뷰도 했다.

사실 누가 그 책을 칼럼과 강연 모음집이라고 쉽게 말할까? 두 책은 우리 시대 신학 현장에서 길어 올린 귀중한 목소리라는 것을 나는 직감할 수 있었다. 그래서 일반 대중과 신학 사이에 다리를 놓자는 판단 아래 유튜브 방송도 감행했지만, 실은 책 몇 권만 보고 그런 걸 알아챌 만큼 내가 머리 좋은 사람은 아니다. 정말 감사하게도 정 박사님은 나 같은 모지리에게 『내가 만났던 100명의 개혁주의 학자들』,『아브라함 카이퍼의 사상과 삶』같은 저술도 함께 보내주는 친절을 베푸셨다. 물론 죄다 읽었다.

지난 여름 내가 함께 받았던 별도의 축복도 언급해야 하는데, 그게 정 박사님이 영적 아버지라고 밝히는 박윤선 목사를 만난 것이다. 1980년대에 돌아가신 그분을 어떻게 뵐 수 있을까? 정 박사님이 쓰신 책 『나의 스승 박윤선 박사』를 읽고 너무 좋아서 내친김에 박윤선 박사의 귀한 저술인 『로마서 강의』와, 그분의 자서전인 『성경과 나의 생애』까지를 서점에서 구입해 공부했다. 그 무렵 마침 또 한 분의 귀한 사역자 영산교회 박대해 목사님을 만나면서 지난해 가을 드디어 기독교 신자가 됐다.

정말 감사하게 생각하는 건 이 과정을 통해 왜 정 박사님이 한국 교회를 대표하는 신학자인지, 왜 박형룡, 박윤선, 명신홍 박사의 신학적 전통과 네덜란드 개혁주의 신학을 이어받은 개혁주의 신학의 대가인지를 대강 파악할 수 있었다는 점이다. 오늘 고백하지만 평생을 중앙일보 기자와 KBS 이사 등 언론인으로 살아온 내게 우리 시대 신학이, 기독교 저술이 매력적인 그 무엇으로 성큼 다가왔던 지적 경험은 흔치 않다. 아마도 1980년대 서남동, 안병무 등 이른바 민중 신학자들의 일련의 저술을 만났던 이후 처음이었다. 민중 신학이 한 물간 뒤 이제야 정통 신학의 흐름을 접하게 된 것이 그저 고마울 뿐이다.

그게 우연만은 아니라고 나는 믿는데, 왜 꼭 그게 2021년 가을 그때였을까? 거창한 얘기가 되겠지만, 내가 주님을 받아들인데는 애국적 동기가 분명 있었다. 거덜나기 직전인 문재인 집권하의 정치 상황에서 어떤 책임있는 행동을 하고 싶었다. 그렇다. 급할 땐 지게 작대기도 쓸모가 있는 법이다. 명백한 이 국가 위기 상황에서 나 같은 사람의 힘도 필요하다면, 기꺼이 바치겠다는 의지를 나는 기독교 입문으로 표현한 것이다. 그리고 이런 판단이 있었다. 지금 이 정치 사회적 위기, 그리고 영적 위기란 기독교 세력의 개입 없이는 절대 해결 불가능하지 않던가? 그런데 이번 정성구 박사님의 이 책은 제목부터 '목사가 왜 정치를 해?'이다.

요즘 내 관심과 딱 맞아 떨어지는데 내 가슴으로는 이번 책이야말로 우리 시대 개혁신학자가 반드시 내야 하는 목소리를 집약한 것이다. 우리 시대 대표적인 잘못된 통념의 하나가, 종교는 정치에 참여하면 안 된다는 것이다. 실은 그걸 비판하는 게 정 박사님의 기존 글을 관류하는 큰 흐름의 하나이고, 그게 개혁신학의 기본으로 나는 알고 있다. 나라가 죽이 되든 밥이 되든 상관없다는 사람들이 종종 빠지는 게 중도(中道)라는 강물이고, 정교분리란 늪이다. 대한민국 헌법 20조에도 나와 있듯이, 정치와 종교는 칸막이가 되어있으니 교회가 너무 깊숙이 정치에 개입하면 안 된다는 게 그들의 어리석은 생각일 뿐이다.

하지만 정 박사님에 따르면 정교분리란, "교회가 정치에 개입하면 안 된다"는 게 아니다. 그 거꾸로가 맞다. 본래 토마스 제퍼슨 미국 3대 대통령은, 정부가 교회를 멋대로 통제할 수 없다는 뜻으로 '정교분리'란 말을 썼다. 참으로 명쾌한 그런 말씀이 정 박사님의 예전 책에 조금씩 들어가 있고, 그런 게 내 가슴에 콱, 콕 들어와 박혔는데, 이번 책은 그 이상의 목소리를 담고 있을 것이다. 물론 이게 간단한 문제가 아니지만 어떤 돌파가 필요한 시점이 바로 지금이 아니던가?

사실 내가 알기에 건국 대통령 이승만 박사의 가장 위대한 저술이 『독립정신』 못지 않게 기독교 입국의 비전을 담은 책 『한국 교회 핍박』이다. 그 기독교 입국이란 게 뭘까? 복음으로 세상을 변화시키고 정복해서 하나님 나라를 실현하라는 것이 아니던가? 그건 종교는 정치에 참여하면 안 된다는 어리석은 통념을 벗어던져야 가능한 세계다. 더 쉽게 말해 복음의 폭탄으로 이 나라의 썩은 주사파 정치를 바꾸고, 좌빨 문화와 언론 환경을 변화시키는 게 바로 역사 속 가톨릭 신앙을 개혁한 칼빈의 정신이고, 개혁신학의 장려한 꿈이다.

그리고 그건 새삼스러운 얘기가 아니다. 해방 직후 우리 선배들은 성경의 원리에 입각한 기독교 신앙을 중심으로 한 자유 국가 건설을 꿈꿨고, 그래서 장로교 쪽 김화식 목사는 기독 민주당을, 신의주의 한경직 목사는 기독 사회당을 각각 준비하고 있었다는 얘기가 '목사가 왜 욕을 해?'에도 정확하게 등장한다. 그들이 남쪽의 이승만 박사와 속 깊은 교류를 했던 것도 자연스럽다. 그 꿈을 21세기에 되살려야 하는 건 주사파 정치를 벗어나기 위해 피할 수 없는 선택이다. 부디 정성구 박사님의 이번 책이 이런 생각을 모으는 데 큰 기여를 하길 바란다.

그리고 바라건대 이 칼럼 모음집을 발간하신 이후 기독교의 정치 참여를 주제로 한 묵직한 별도의 본격적인 저술을 다시 내시길 바란다. 그래야 이 나라와 교회 풍토가 바뀐다.

추천의 글

김학성 박사(강원대 법대 명예 교수, 법학 박사)

정성구 목사님께서 새 책을 출간하는데, 추천사를 써달라고 말씀하셨다. 제자가 추천사를 쓰는 법은 세상에 없다, 축하의 글이다.

정성구 목사님에겐 여러 개의 호칭이 존재한다. 목사, 교수, 박사, 총장 등이다. 한 번 하기도 어려운 총장을 직업적으로 하셨다. 총장 호칭이 보다 권위를 지니지만, 필자에게는 목사가 더 마음에 와닿는다. 하나님 보시기에도 목사보다 더 나은 호칭은 없다. 목사님과 저는 사제의 연을 가지고 있다. 목사님께서 학위를 마치고 총신대학 교수로 있으면서, 승동교회에서 교육 목사로 약 5년 봉사하셨는데 당시 나는 대학생이었다. 목사님으로부터 신앙 훈련을 받았는데, 칼빈 사상의 대가이신 목사님으로부터 직강을 받은 셈이다. 당시에는 그것이 얼마나 큰 행운인지 잘 몰랐으나, 뒤늦게 깨달았다.

목사님 소식은 신문 지상 등을 통해 자주 접했지만, 인생이 늘 그러하듯 마음은 있었지만, 연락은 두절 된 상태였다. 그러던 중 전광훈 목사님을 연결고리로 다시 뵙게 되었다. 목사님께서 전광훈 목사님이 운영하시는 청교도 영성훈련원에 강의를 나오심을 알게 되었고, 늦었지만 전화를 올렸다. 기억하실까 생각도 들었지만, 목사님은 저를 정확하게 기억하고 계셨다. 기억에 남을 만한 재목이 아님에도 목사님의 탁월한 기억력 덕분이다. 목사님 초대로 분당에 있는 37년 넘게 정성을 기울인 칼빈 박물관을 방문했다. 칼빈을 위해 이보다 더 정성을 기울이신 분이 세상에 없지 싶다. 교수로서 총장으로서 매우 바쁘게 사시면서도, 세상과 후학들을 위해 귀중한 유산을 모으신 목사님의 노력에 고개가 절로 숙여진다.

목사님은 바쁘신 가운데도 또 은퇴하신 후에도 글쓰기를 놓지 않는다. 진정한 학자의 모습이다. 목사님의 칼럼집『목사가 왜 욕을 해?』를 정독한 바 있다. 폭넓은 지식과 글로벌 한 활동과 경험, 그리고 깊은 신앙에서 우러나는 귀한 글들로 가득하다. 책 제목도 너무 재미있다. 금번에 다시『목사가 왜 정치를 해?』라는 칼럼집을 내신다고 하면서 부족한 저에게 추천사를 써달라고 말씀하셨다. 추천사는 통상 자신보다 더 권위 있는 분들에게 부탁한다. 목사님보다 더 권위 있는 분이 이 땅에 없으니 제자인 저에게 쓰라고 하신 것이다. 그 자체로 영광이다. 그동안 목사님이 보내주신 칼럼을 꾸준히 읽었다. 목사님의 칼럼은, 참 정성껏 쓰신다는 인상을 받지만, 해박하고 폭넓은 지식에 기초한 깊이 있는 글이다. 세상을 깨우치려는 필자의 뜨거움이 느껴진다. 1년 동안 쓰신 글을 이번에 출간하신다고 한다.

출간의 목적은 잠자는 국민을 깨우치고, 방향을 잃은 한국 교회를 바로 세우기 위함이다. 동시에 문재인 정권의 폭주와 정권의 부당한 교회 탄압을 꾸짖기 위함이기도 하다. 또 예수를 적대하는 주사파 권력에 아부하는 교회를 향해, 정교분리의 속임수 뒤로 숨지 말라고 경고하고 계신다. '예수 한국'을 국가 속으로 끌고 가려면 목사의 정치 참여는 불가피한데 본질은 외면하고 외피만 비판하는 교인과 목회자를 질타하신다. 해마다 목사 시리즈 칼럼을 출간하고 계시는데 20회 기념 칼럼집 출간 시, 축하의 글을 쓰는 영광이 다시 주어졌으면 한다. 귀한 책이다. 일독을 강권한다.

추천의 글

길자연 목사(전 한기총 회장, 전 총신대 총장, 증경 총회장)

정성구 박사님은 한국 보수신학의 등불로 살아오셨습니다. 그만큼 정성구 박사님의 생애는 하나님 주권 사상에 사로잡혀 한국 교회 강단을 굳건히 지켜오신 한국 교회의 대변자요 청지기로서의 삶이었습니다.

요한 칼빈의 하나님 주권 사상에 기반하여, 특히나 아브라함 카이퍼의 성경적 설교관을 이 땅에 심는데 일생을 바쳐온 박사님의 생애는 참으로 빛나는 생애였습니다. 정 박사님의 이런 끊임없는 신학적 노력과 추구는 자유주의 신학으로부터 한국 교회를 든든히 지키고 세우는 초석이 되었고 한국 교회의 미래를 밝히는 등불이 되었습니다.

이는 결코 우연이 아니었습니다. 참으로 익룸고 올곧은 연구의 열매였기에 정 박사님의 생애는 그만큼 빛나는 것입니다. 정 박사님은 초지일관 오로지 성경 속에서 답을 찾았습니다. 항상 보수주의 입장에서 설교의 패턴을 제시하여 후학들에게 참 목회의 길을 제시함으로써 한국 교회의 강단을 건강하게 만드는데 힘을 기울였습니다.

금번에 출판되는 『목사가 왜 정치를 해?』라는 정 박사님의 저서는 어정쩡한 한국 교회의 정치 관행에 올바른 방향제가 될 것이며 나아가 교회와 정치를 가르는 막연한 이분법적 사고에 올바른 방향을 제시하는 답서가 될 것입니다.

요한 칼빈의 제네바시 운영과 목회자와 신학자이면서 네델란드 수상으로 봉직했던 아브라함 카이퍼의 정치 참여는 건전한 목회와 건전한 정치 참여의 길을 제시함으로써 정치, 경제, 사회, 교육, 문화, 예술 등 모든 분야에 미치는 하나님의 주권 사상의 면모를 보여줍니다. 이런 의미에서 정성구 박사님의 금번 출판은 한국 교회에 제시하는 필독서가 될 것입니다.

목차

추천의 글   4
머리말   22

1부

01.	서울 민국과 경기 민국	26
02.	힘을 기르자	30
03.	사탄은 뿔이 없다.	34
04.	빨 강 색	38
05.	'완장' 공화국	42
06.	밥값을 하자	46
07.	대업(大業)	50
08.	문화 맑스주의	54
09.	목적이 이끄는 삶?	58
10.	카이퍼와 트럼프	62
11.	'말쟁이'와 '글쟁이'	67
12.	목사가 왜 정치를 해?	71
13.	뚝심과 배짱	76
14.	디지털 장애자	81
15.	대통령 후보의 꿈	85
16.	꼰대와 광대	89
17.	김일성의 회고록	94
18.	길거리 예배	98
19.	'공짜'라는 '마약'	103
20.	'공자 학원'은 '공작 학원'	107

21.	해를 품은 달	112
22.	개천의 용(龍)	116
23.	가정 파괴하는 여가부	120
24.	X 파일	125
25.	Vaccine	129
26.	Red Professors	133
27.	"I have a dream"	137
28.	정부 수립과 이승만의 신학	141
29.	순교자의 마지막 말	145
30.	스타벅스	150
31.	아름다운 퇴장	154

2부

01.	세계관 전쟁	160
02.	언약의 말씀이 희망이다.	164
03.	선교는 순교다	168
04.	밤중의 노래	172
05.	'인권(人權)'과 '주권(主權)'	176
06.	'애국자' 황성수	180
07.	조국의 찬가	185
08.	좌우를 분별 못하는 백성	190
09.	참~ 염치(廉恥)없다	194

10.	참 예배를 회복하자	198
11.	철밥통과 꽁보리밥	202
12.	철학자와 법학자	207
13.	'친구'와 '동무'	212
14.	牧羊一心	216
15.	코로나19와 설교	220
16.	삼박자 구원	224
17.	한글과 기독교	228
18.	할리우드와 미나리	232
19.	거룩한 꿈을 꾸자	237
20.	'헝가리'와 '헝그리'	242
21.	희망과 소원	246
22.	우산 이야기	250
23.	풍랑	254
24.	루돌프 사슴코	259
25.	'광부'와 '간호사'	264
26.	이순신은 없는가?	268
27.	심판은 있다.	272

머리말

지금 나라도 교회도 위기를 맞았다. 지난 수년 동안 대한민국호는 어디로 가고 있는지 종잡을 수 없었다. 코로나19 펜데믹 시대에 한국 교회는 그 역할과 사명을 잃어버리고 표류하고 있었다.

이 부족한 칼럼집은 지난 한 해 동안, 한 주간도 빠짐없이 Reformed Today라는 인터넷판 신문에 기고한 나의 칼럼들이다. 그런데 이렇게 부족한 칼럼이 유튜브 채널과 여러 개의 주간 신문에 동시에 게재되었고, 카톡을 통해서 국내의 목회자나 평신도는 물론이고, 해외 선교사들과 수만 명의 교포들에게 널리 읽히게 되었다. 매주 월요일에 칼럼을 올리면 그것이 지구를 몇 바퀴 돌면서 오대양 육대주에 있는 교포들에게 전달되었다. 지난번 칼럼집은 『목사가 왜 욕을 해?』라고 했는데, 그 책은 수 많은 사람들에게 큰 공감을 일으킨 것을 감사한다.

그리고 이어서 금 번의 칼럼집 제목은 『목사가 왜 정치를 해?』라고 했다. 사실 이 말도 오늘날 뜨거운 감자가 아닐 수 없다. 우리 사회의 분위기는 목사는 강단에서 복음을 전할 뿐, 세상 정치나 정부가 하는 일에 대해서는 가타부타 말해서는 안 된다는 정교분리 론이 마치 교리처럼 되어 있었다. 미국의 토마스 제퍼슨이 '정교분리'를 말할 때, 그것은 어떤 정부든지 교회는 보호되어야 하고, 정부가 교회를 간여 해서는 안 된다는 취지였다. 그런데 일제가 '정교분리'를 교묘히 이용해서 목회자나 교회가 독립운동을 하거나 반일 운동하는 것을 철저히 차단하기 위해서 정교분리 원칙을 고수하게 됐다. 그래서 일제에 항거하는 목회자들을 옥에 가두고, 선교사들을 본국으로 추방했었다. 그래서 오늘날 정교분리 원칙은 정부나 교회 지도자들 모두에게 그것은 철칙인 듯이 생각했었다. 그래서인가 이 나라가 사회주의, 공산주의적 정책을 거침없이 시도하고, 더구나 코로나19를 핑계 삼아 교회 예배가 통제되고, 정부 정책이 교권을 침해해도 한국 교회 지도자들은 순한 양처럼 순종하는 것이 마치 교회와 목회자들의 사명으로 생각해왔다.

그런데 역사적으로 보면 1638년 스코틀랜드의 챨스 I 세가 "짐은 국가에도 머리이고, 교회에서도 머리이다"라고 교만한 헛소리를 하자, 스코틀랜드의 언약도들(Covenanters) 1200명이 분연히 일어나, 그레이 프라이어스 교회당 앞뜰에 모여 신앙 고백을 하고, "예수 그리스도만이 교회의 머리이다!"라고 선포했다. 그것 때문에 1200명의 성도들은 지붕 없는 감옥에 갇혀 모두 순교했다. 19세기 화란의 위대한 칼빈주의자인 아브라함 카이퍼 박사는 당시의 모든 사회주의, 공산주의, 인본주의, 자유주의 무신론적 세력에 맞서 개혁교회 성도를 지키고, 교회와 국가를 구하기 위한 정치 일선에 나서 수상의 자리에까지 올랐다.

　이에 대해서 필자는 지난 2년 동안 매 주일 한 번씩 칼럼을 써서 오늘의 상황을 직시하고, 더 이상 이 나라에 자유 민주주의를 훼손하는 어떤 정책도 반대했고, 마치 침묵이 금이요 미덕으로 생각하는 목회자들과 성도들을 깨우는데 사명을 감당했다. 필자는 이 책에서 '칼빈주의적 세계관'으로 역사와 세계와 교회를 보면서 하나님이 역사의 배후에 계시고, 삶의 모든 영역에 그리스도가 왕이 되게(Pro Rege) 하는 것이 소원이었다.

　바라기는 이 책이 모든 사람들에게 널리 읽혀져, 우리 민족과 한국 교회에 맡겨진 역사적 소명을 다시 일깨움으로 대한민국이 세계 선교 대국으로, 기독교 선도 국가로 힘차게 뻗어 가기를 바랄 뿐이다. 그리고 건국 대통령 이승만 박사가 설계한 '자유 민주주의 국가'의 승리를 바탕으로 통일 국가를 이루었으면 한다. 이 책을 읽는 모든 독자들에게 성 삼위 하나님의 은혜와 위로와 평강이 함께 하시기를 기원한다. 그리고 늘 필자의 책을 기꺼이 출판해 주신 킹덤북스(Kingdom Books) 대표 윤상문 목사와 이 원고를 매주 컴퓨터 작업을 통해서 카톡에 올려준 한국 칼빈주의 연구원의 행정실장인 김재철 목사의 수고를 기억한다.

2022. 1. 20.
저자 정성구

1부

01.

서울 민국과 경기 민국

화란의 수도는 헤이그(Hague)이다. 그런데 헤이그는 지금도 도시(S-taat)가 아니고, 읍(Dorp)이다. 물론 상업의 중심지, 관광의 중심지는 암스텔담이지만, 수도는 엄연히 헤이그다. 헤이그에는 여왕이 있고, 정부가 있으며 그 유명한 평화궁이 있다. 그런데 수도인 헤이그에는 대학교가 없다. 물론 산업 시설도 없다. 수도에 인구가 늘어날 일이 없으니, 한국의 수도 서울처럼 끊임없이 아파트를 지을 이유도 없고, 땅 투기, 아파트 투기에 열을 올릴 필요도 없다.

그들은 인구 분산을 적절히 하고, 고루고루 발전할 수 있도록 한다. 대학도 농과 계통의 공부를 하려면 국토의 맨 오른 쪽에 위치한 바허닝건 대학으로 가면 되고, 이공계는 세계적으로 유명한 대학인 델프트 공과대학으로 가면 된다. 그리고 인문 사회 과학 대학들은 암스텔담 대학과 아브라함 카이퍼 박사가 세운 사립 학교인 뿌라야 대학교가 있다. 그리고 명문 라이덴 대학교가 있고, 로텔담 대학교, 호로닝겐 대학교, 우트레흐트 대학교 등이 있다. 그리고 조그마한 어촌인 캄펜에는 신학대학이 둘 있다.

그런데 한국은 지금 89개의 면, 군, 구의 인구가 감소해서 아예 그 지역이 없어질 지경이 되어가고 있다고 한다. 그래서 정부는 1조 원을 투입하여 안간힘을 쓰고 있지만, 사람들은 지방을 버리고 꾸역꾸역 서울로, 경기도로 집결하고 있다. 그러니 아파트 투기, 땅 투기가 이루어지고, 눈치 빠르고, 부정과 타협하는 사람들은 살아남고, 나머지는 상대적 박탈감이 날로 더해지고 있다.

한국은 지금 인구 분산책으로 세종시를 만들어 행정 수도가 되었다. 그 당시에 충청도 출신의 정운찬 총리와 동국대 송석구 총장 등이 세종시를 억지로 행정 수도를 만드는 것보다, 대학 몇 개를 내려보내고, 서울과 경기도 산업 단지를 그리로 보내어 자급 도시로 만들려고 국민들과 정치권을 설득했지만, 정치 논리로 그 꿈은 무산되었고, 기어이 행정 수도라고 이름을 붙였다. 하지만 실제로 거기에 가보면 행정부 건물로는 아름답게 지어져 있지만, 정작 금요일 오후가 되면 거의 모든 공무원들은 집과 식구들이 사는 서울로 오기가 바쁘다. 그러니 주말만 되면 도시 공동화 현상이 일어나고, 여기저기 공실이 엄청 많다고 한다. 그리고 매 주일 오고 가면서 길바닥에 뿌리는 비용은 아마도 천문학적일 것이다. 당시 노무

현 대통령은 세종시를 행정 수도로 만들어 놓고 나서 '재미 좀 봤다'라고 했다. 전부 정치적 유불리만 따지지 나라의 앞날에는 관심이 없었다.

코로나19로 2년 동안 한국 교회는 6천-1만 교회가 문을 닫았다고 한다. 물론 소상공인들은 거의 빈사 상태이고, 서울의 자랑이요, 명물 거리였던 명동이 사라졌다. 특별히 코로나19로 직격탄을 맞은 것은 교회였다. 황장엽 씨가 살아생전에 인터뷰를 들어보면 "북한 공산당은 한국의 교회가 1/10로 줄어들면 대한민국을 공산화할 수 있다"고 전달을 했다. 혹시 코로나19를 핑계로 교회 예배를 통제한 것이 그것과 연관이 없다고는 할 수 없을 것이다.

어쨌거나, 지금 대한민국은 '서울 민국'과 '경기 민국'이 되었다.
이로 인해 지방이 죽어가고 있고, 특히 지방 대학과 지방 산업은 산소 호흡기를 꽂고 있는 것과 같다. 우리나라 정치가들은 철학도 없고, 사상도 없다. 그냥 수단 방법을 가리지 않는 선거 전략가들일 뿐, 나라의 장래나 젊은이들의 고통은 안중에도 없다. 어느 대통령 후보는 땅 투기 전문가처럼 보이는데, 결국 행정 당국과 건설 사업자들은 모두가 동업자라고 한다. 이들의 행보를 보면 말 그대로 '돈 놓고 돈 먹기' 하는 야바위꾼들에 불과하다.

아직은 어느 것이 암까마귀인지, 숫까마귀인지 알 수 없지만, 대통령 후보로 나온 사람들 모두가 철학이 없고, 사상이 없는 시중

잡배 수준의 생각을 갖고 있다면 큰 문제이다. 개발도 중요하고, 지방 자치를 활성화하고 권장하는 것은 맞지만, 무한정 돈이 되고 표가 되면 멀쩡한 땅을 포크레인으로 파서 뒤엎고, 아파트 지어서 값 올리고, 엄청난 차액을 남기고, 그것으로 선거 자금 쓰는 이런 저질 악순환의 고리를 끊어 버리는 후보는 없던가! 그래도 옛날의 정치는 철학자, 사상가가 했는데, 요즘은 정치 9단, 법조 9단들만 많다. 그런데 문제는 이들 저질 정치꾼들이 종북 사상으로 타락하면 그들과 함께하는 추종자들이 모여서 이해 집단이 되고, 생명 걸고 돈 지키고, 표 지키기 위해서 앞으로 무슨 짓인들 못하겠는가?

과거 이승만, 박정희 대통령은 말하자면 사상가였다. 사상가는 국민의 복리를 우선적으로 생각하고, 국가의 장래를 위해서 고뇌하는 분들이다. 지금 대한민국은 G7국가로 발돋움하고 청사진을 그렸지만, 내막을 드려다 보면 위기 중의 위기다. 부도덕한 정치꾼들과 기업이 서로 짜고 국민들을 개, 돼지로 우습게 알고, 등쳐먹는 고약한 정치가들, 법조인들에게는 권력과 돈이 우상이다.

대한민국은 '서울 민국'이 되어도 안 되고, '경기 민국'이 되어서도 안 된다. 대한민국의 운전대를 잡을 미래 지도자는 이 땅에 정의가 강물처럼 흐르게 하고, 민주주의가 옳게 성장하고 국토가 고루 잘 사는 나라로 만들려는 고뇌하는 지도자! 그런 비전을 가진 지도자는 가 되어야 하지 않을까?

02.

힘을 기르자

지금 미국과 중국의 힘겨루기가 한창이다. 돌아가는 판세를 보면 중국이 밀리는 듯하다. 전문가들의 예측대로 중국 시진핑의 중국몽(中國夢)도 허황한 꿈이 되어 중국 자체가 분해될지도 모른다. 그런데 어쩌자고 우리 정부는 중국에 바짝 붙어 무슨 이득을 보는지는 모르지만, 중국의 으름장에 싸드도 포기하고, 중국제 태양광을 온천지에 깔았다. 코로나19가 중국발이라는 것을 세상이 다 말해도, 중국인들은 항상 무사 통과하고, 한국 사람들도 받지 못하는 엄청난 혜택들을 누리고 있다. 사실인지는 모르나 그들은 한국 정치에 깊이 간여하여 댓글 부대로 활동했고, 선거 조작 개입을 했었다는 설이 파다하다.

결국 이 세상은 힘의 논리가 지배하고 있다. 힘이 없는 자는 힘 있는 자에게 붙어서 유익을 보려는 것이 세상 인심이다. 그런데 우리는 든든한 한·미 동맹으로 지금까지 대한민국이 발전해 왔는데, 이제 와서 미국을 향해서 '갈 테면 가라'는 식으로 외교를 하고, '우리 민족끼리'를 앞세워 역사를 거꾸로 돌리고 있는 것이 오늘의 정부다.

이 세상의 모든 분야에는 힘이 있어야 한다. 우리가 코로나19의 예방도 결국 병균을 막아내는 면역력을 키우기 위함이 아니던가? 힘이 있으면 이기고 힘이 없으면 죽는다. 예컨대, "체력(體力)이 국력(國力)이다"라는 말이 있다. 허약한 육체의 힘을 갖고 있으면, 국가의 힘도 없다는 것인데, 아마도 국가 체육을 권장하는 말인듯하다. 하기야 올림픽 금메달 개수가 국력이 되는 것도 맞는 말이다.

또한 '경제력이 국력이다'라는 말은 언제나 옳다. 개인도, 회사도, 국가도 경제가 든든하게 힘을 바쳐 주어야 발언권을 행사할 수 있고, 국제적으로도 힘을 발휘할 수 있다. 우리나라는 이 지구상에 가장 못사는 가난뱅이 나라였으나, 이승만 대통령의 민주주의를 토양으로 박정희 대통령이 경제를 일으켜, 세계 10위권의 경제 대국이 되어 세계가 한국의 발언에 주목하고 있다. 역시 경제적 힘이 중요하다. 뿐만 아니라 '정치력이 국력'이기도 하다. 최근에 돌아가는 이야기를 종합해보면, 대한민국은 모든 것이 잘 나가고 있는 반면에, 정치는 가장 후진적이고, 가장 큰 문제라는 것이 일반인들의 상식이란다.

내년 봄 대통령 선거를 앞두고 각 당에서는 후보 경선이 이루어지고 있다. 그런데 후보 경쟁에 나오는 사람들을 보면, 정말 진실하게 올곧게 살아온 사람들은 모두 탈락 되었다. 그런데 그중에는 사기꾼, 부동산 투기꾼, 도적 사람, 불법을 자행하는 비도덕적인 사람은 표를 많이 받고 있으니… 정말 이 나라가 어째 이 지경까지 되었는지 알 길이 없다. 유권자라는 사람들도 정말 한심한 사람들이다. 나라를 위해서 도덕적으로, 양심적으로 일할 사람에게는 관심이 없고, 수단 방법 가리지 않고 이권에만 개입하고, 세 치 혓바닥으로 이리저리 둘러대고, 감언이설로 여론을 만드는 사람에게는 표를 주고 있다. 그러니 후보자들이나 유권자들이나 별반 다르지 않다.

필자는 '어째서 오늘의 한국 정치가 이처럼 변질된 정치로 흘러가고 있을까?'를 생각해보았다. 그것은 다름 아니라, '조직력'에 있었다. 정치는 힘이고, 힘은 조직에서 나온다. 조직력이야말로 힘 중의 힘이다. 대통령을 비롯한 정부가 간첩이 나라를 움직여도, 끄떡없는 것은 종북 세력, 사회주의 사상을 추종하는 엄청난 세력들이 조직적으로 똘똘 뭉쳐 있기 때문이다.

그러므로 정치의 힘은 '조직'에서 나온다. 지금의 한국 정치는 지난 수십 년 동안 엄청난 좌파 조직이 단단히 결성되어 커다란 세력으로 구성되어 있다. 그리고 그 세력들은 일사불란하게 움직이면서 자신들에게 유익만 된다면, 도적 사람도 선하고, 사기꾼도 문제 없고, 비도덕적 인간도 좋고, 허풍쟁이도 좋다는 것이다. 그런데 보수 우파들에게는 악의 세력에 맞설 힘이 아예 없다. 조직이 없으니 힘이 있을리 없다. 이것이 오늘의 현실이다.

문제는 이 나라를 바로 잡으려면 거대한 악의 세력과 싸울 수 있는 힘을 길러야 하는데, 오히려 보수주의자들은 분열만 거듭하고 있고, 결집이 되지 않고 있다. 그나마 지금 '국민 혁명당'에서 힘을 모으려고 천만 조직 캠페인을 벌이고 있다. 물론 쉽지는 않겠지만 천만 조직을 하려는 이유는, 앞으로 있을지도 모를, 새 정부를 뒤엎기 위한 민노총, 전교조, 종북 단체들이 촛불 집회와 유사한 내전을 일으킬 경우를 대비해서 이에 맞설 수 있는 백만 명의 대항군이 필요하다는 것이다. 나는 그 명분만은 옳다고 본다.

힘 중의 최고의 힘은 '하나님의 능력'이고, '예수 그리스도의 능력', '성령의 능력'이고, '복음의 능력'이다. 힘은 조직에서 나온다. 반세기 동안 종북 세력은 조직화 되었지만, 보수 우파는 조직이 없었고, 조직이 없으니 힘을 잃었고, 속수무책으로 손을 놓고 있었다.

힘을 기르자! "나의 힘이 되신 여호와여 내가 주를 사랑하나이다"(시 18:1)

03.

사탄은 뿔이 없다.

프랑스 화가이며 판화가인 구스타브 도래(Gustave Dore 1832-1883)는 신·구약 성경에 대한 삽화를 모두 그렸다. 그래서 그의 그림 성경은 각 나라 말로 번역되었고, 한국어로도 출판된 바 있다. 천사나 마귀는 우리 눈으로는 볼 수도 없고, 본 사람도 없지만 영계(靈界)에는 실존한다. 그런데 그의 그림을 보면 천사는 아름다운 여인에 흰 날개를 달았고, 사탄은 검은 날개에 머리에는 뿔이 있었다. 그 후에도 여러 화가들은 사탄을 묘사할 때는 험상궂고, 무서운 얼굴에다 뿔을 그린 경우가 많았다. 그래서 사람들은 사탄이 모든 죄악의 근원이요, 악하고 더러운 일의 주범이므로 그렇게 표현할 수 밖에 없었다.

나는 사탄이 뿔이 달렸는지 그렇게 살인귀처럼 무섭게 생겼는지는 잘 모른다. 다만 인류 역사에 그때나 지금이나 하나님의 영이요, 거룩한 영(靈)인 성령(聖靈)의 사역이 인간을 중생케 하고, 삶의 전 영역에서 활동하는 것처럼, 악의 영인 사탄의 활동도 인간의 삶의 모든 영역에 역사하는 것임에는 틀림이 없다. 그래서 우리는 하나님의 영 곧 예수 그리스도의 영인, 성령의 충만함을 받아야 한다. 따라서 성령의 사역은 중생과 구원과 성화, 그리고 축복과 섭리에 관여할 뿐 아니라, 그것은 또한 인간을 통해 정치, 경제, 사회, 문화, 예술 세계까지 관계한다는 것이 아브라함 카이퍼의 『성령론』에 나온다.

반면에 악의 영 곧 사탄의 세력은 인간을 타락시켜 죄악에 빠지도록 할 뿐 아니라, 사탄의 사역 역시 인간의 마음을 움직여 정치, 경제, 사회, 문화, 예술에게 직접 또는 간접적으로 역사하고 있다. 왜냐하면 결국 인간의 마음은 삶의 모든 영역에 미치기 때문이다. 그러므로 인간은 말씀과 성령을 통해서 새롭게 되고, 하나님의 거져 주시는 은혜를 통해서 복음을 깨닫고, 죄와 세상을 짓밟고 승리의 삶을 살아야 한다. 그런데 이 세상은 성도가 평안히 하나님만 섬기도록 살아갈 수 있는 장미 동산이 아니다. 세상 끝날까지 사탄은 그의 영을 받은 인간으로 하여금 국가의 형태, 정치의 제도에까지 침투하여 권력을 마음대로 행사하게 하고, 사람들이 진실과 사랑으로 살아가지 못하도록 유혹하고 흔들고 있다. 때문에 이 세상에서 우리가 예수 이름으로 구원받고, 말씀과 성령으로 거듭났다고 해도 최후의 승리를 얻기까지, 우리는 이 땅에서 거룩한 영적 전쟁(靈的戰爭)을 끊임없이 치열하게 피 흘리기까지 싸워야 한다.

그런데 2,000년 기독교 역사를 살펴보더라도 인간이 가난하고 힘들고, 환란과 핍박이 왔을 때는 하나님께 매달리고, 결사적으로 기도해서 사탄의 세력을 이기는 영적 전사로서의 사명을 다했다. 하지만 소득이 늘어나고 풍요해지고 잘살게 되자, 마음껏 자유를 누리는 시간이 많을수록 성도들에게는 영적 전쟁을 치를 능력이 없어지고 말았다. 그러자 사탄은 여러 가지 얼굴로 우리에게 나타나서 우리를 완전히 허물어 버렸다. 그렇다면 정말 사탄은 뿔이 달린 험상궂은 괴물일까?

성경은 우리에게 말한다. 고후 11장 4절, '사탄도 자기를 광명한 천사로 가장하나니'라고 했다. 지금 한국 교회는 코로나19를 적절히 이용한 정치 권력에 교회 지도자와 평신도들까지 눈이 멀고, 귀가 닫혀가고 있다. 사탄은 뿔이 달린 것이 아니라, 우리에게 아주 친절한 신사, 숙녀로, '민주와 평등'을 외치는 미남 정치꾼들을 통해서 우리에게 다가오고 있다. 그들은 말끝마다 평화의 사도라고 외치고, 사회주의의 이상을 제도화하여 이 땅에 지상 낙원을 약속하면서, '주민기본자치법'을 만들어서 북한식 인민 위원회 조직을 하려 한다. 또한 페미니스트들을 동원해서 '평등법'을 만들려고 발광하고 있다.

또한 사탄의 활동은 멋진 버라이어티 쇼를 통해서, T.V 방송국의 멋진 영상 매체를 통해서, 소설, 신문, 잡지 등 각종 미디어를 통해서, 우리를 현혹하고 있다. 정치권은 거짓된 사회주의 이데올로기에 사탕을 발라서 젊은이, 늙은이 할 것 없이, 쉽게 넘어지도록 고등 전술을 쓰고 있다. 영어로 사기꾼을 슈어맨(Sure man)이라 하는데, 사탄은 사람들을 100% 믿도록 속이는 자이다.

그리고 사탄에게는 교회라고 해서 금지 구역이 아니다. 이단들은 말할 것도 없지만, 지금 한국에는 신학을 제대로 공부하지 않고, 복음도 옳게 모르는 얼치기 지도자들이 구름떼처럼 나타나서, 자기 자신의 신비적 체험을 절대시하는 것도 문제이지만, 배웠다는 식자층의 지도자들은 '자유주의와 종교 다원주의'를 대놓고 주장하고 있고, 성경을 파괴하고 십자가의 대속을 없애고, 인간의 자력으로 프로이드의 심리적 방법으로 인간의 '내적 치유'가 마치 복음인 듯이 말하는 지도자들은 사탄은 아닐지라도, 사탄에 붙들린 자라 할 수 있지 않을까?

사탄은 뿔이 없다!
그러나 사탄은 자신을 광명한 천사로 가장해서 교회를 무너뜨리고, 국가도 무너뜨리려고 발광을 하고 있다. 그러므로 잠에서 깨어나서 남자답게 강건하게 서야 할 것이다.

04.

빨강색

 한국어에는 색깔에 대한 표현이 참으로 다양하고 풍성하다. 그리고 한국 사람들은 색깔에 민감하다. 영어는 그냥 Red 또는 Yellow 또는 blue를 쓰면 된다. 하지만 한국말에는 붉은 색이라도 그냥 빨강이라고 하지 않는다. 예컨대, 샛빨갛다, 빨갛다, 뻘겋다, 뻘그스럼하다, 붉으스레하다, 뻘거죽죽하다, 연분홍 등등 참으로 여러 가지다. 국회의 인사청문회나 여야 국회 의원들의 질의응답을 들어보면 꼭 등장하는 것이 이른바 색깔론 공방이다. 그런데 야당의 질문에 대해서 여당의 반응이 참으로 민감하다. 질문의 요점이 빨강색에 관한 것이었는데, 정부의 대답은 레드 콤플렉스에 찌든 듯이 갑자기 톤을 높인다.
 그들의 반응을 보면 질문자의 공격을 되받아치면서 '역시 색깔론이군요', '구시대적 색깔론이다', '아직도 색깔론을 말합니까?', '색깔론 네거티브를 하지 마시요'라 하고 심지어 대통령의 말도 '색깔론에 실망했다'라고 하면서, 여당 의원들이나 정부 인사들은 불리한 궁지에 몰리면 으레 '색깔론'으로 역공을 하는 것을 많이 보았다.

그래서 정부나 여당이 야당의 기를 꺾는 방법으로 하는 말이 '저열한 색깔론이다', '색깔론을 탈피하자', '또 색깔론인가', '색깔론은 북풍 공작이다' 등 여야의 색깔론 공방이 한창이다. 정부는 어째서 색깔에 대해서 이토록 신경질적인 반응을 보일까? 대한민국이 북쪽과 함께 가자는데 뭐가 문제냐는 식이다. 아마도 지난 70여 년 동안 우리 사회에 공산주의자들을 빨갱이라고 인식되어 온 터이라, 정부에서 오늘의 대한민국의 헌법과 정체성을 부정하는 발언과 정책이 자꾸 나오니, 뜻있는 인사들이 이 문제를 지적하고 대한민국의 헌법과 정체성을 지적하면 정부는 색깔론이라고 방방 뛰는 것이 참으로 이상하다. 필자가 30여 년 전에 모스크바의 크렘린 광장을 갔더니 그곳을 붉은 광장이라 했다. 중국은 홍위병이 세상을 뒤엎었고, 북한은 붉은 깃발과 붉은 군대가 장악하고 있다.

별과 빨강색은 공산주의 국가에서 사용하는 색깔이다. 그런데 오늘 한국 사회는 새빨간 자들도 있지만, 붉으스레한 사람도 많다. 딱히 종북 세력은 아닐지라도, 은연중에 자유 대한민국의 정체성을 부정하거나, 교회를 박해하고 신앙의 자유를 없애고 사회주의 이념에 동조하는 사람들도 점점 많아졌다. 그동안 세작들의 활동도 컸지만, 현 정부의 관변 단체가 된 민주화 운동권자들, 전교조

활동과 민노총 운동들을 통해서, 생각이 없고 개념 없는 일반 국민들을 '평화'니, '화해'니, '통일'이라는 이름으로 연분홍 빛으로 물들여 놓았다. 어쩌다가 이지경까지 되었는가? 필자가 이런 말을 하면 또 색깔론이구나 하겠지만, 이건 심각한 문제가 아닐 수 없다. 하기는 중국이 근래에 미국을 통째로 먹으려고 유학생들과 기업 등을 동원해서 붉은 사상을 집어 넣고, 최첨단 기술을 몰래 도적질해서 세계 공산화를 꿈꾸고 있었다. 그들은 미국 민주당을 지원하고 엄청난 돈을 뿌려 미국을 사회주의 나라로 만들려는 공작을 했었다. 그래서 부정 선거를 도모했었다. 그러니 만만한 이웃 국가인 대한민국을 요리해 먹으려고 얼마나 노력했을까 싶다. 더구나 그들의 술수에 넘어가서 정치, 경제, 사회, 군사에 반미 친중사상을 부지런히 외쳐온 자들이 있었다. 더구나 북한 집단은 세작을 끊임없이 한국에 보내어 그동안 정치, 경제, 사회, 문화, 예술, 종교에까지 붉게 물들게 하였다.

　최근에는 우리 한국 교회에서 가장 보수적이고, 칼빈주의 신학과 신앙을 파수하는 OO대학교에 간첩 협의를 받고 있는 자가 공부해서 목사가 되었다고 들었다. 그리고 그는 언론을 장악해서 교계를 붉게 물들게 하려 한다는 뉴스가 있었다. 참으로 기가 막힐 일이다. OO대가 이러니 다른 데는 오죽할까 싶다. 도대체 이 일에 대해서 총회는 뭘 하고, 재단 이사회는 이런 지경에 대해서 무슨 조치가 있었는지? 교수단은 별생각이 없는지? 또 총학과 원우회는 어째서 말이 없는지, 한국 교회 목회자들은 그저 자기 교회를 지키고, 교인 단속만 잘 하면 되는지 참 걱정이다. 총회는 그 흔한 조사

전권 처리위원회도 없는지? 일반 언론은 이미 붉으스레 하게 된지 오래인데, 교계 언론도 꿀 먹은 벙어리로 입을 꼭 다물고 있다.

　오늘날 한국 사회는 바른말, 옳은 말을 잠재우는 수법은 '구시대적 색깔론이다', '아직도 색깔론인가'라고 윽박지르면, 난다 긴다 하는 논객들도 슬그머니 꼬리를 내리는 시대이다. 현 정부는 색깔론으로 반대자의 입을 틀어막는 기술이 대단하다. 영어는 빨강색이 Red이다. 그런데 한국말에는 참으로 다양하다. 새빨간 것도 Red이지만, 빨간 것도 Red이고, 붉으스레한 것도 Red이고, 연분홍도 Red이다. 이 땅에 색깔이 더이상 붉게 물들지 않게, 교회가 깨어나고, 목회자가 깨어나고, 국민이 깨어나야 하겠다.

　이 땅에도 한국식 홍위병들이 많다고 들었다.

05.

'완장' 공화국

　　50여 년 전의 일이다. 필자가 전방 부대의 군목으로 일할 때였다. 새로 전입한 신병 중에 사회에서 좀 놀던 자가 들어왔다. 그는 나이도 많은 데다 삼류 쇼 무대에서 사회를 봤었고 주먹질도 한 경험이 있었다. 그러니 군대 생활에 적응을 못하고 사사건건 사고를 치는 문제 사병으로 낙인찍혔다. 요즘은 이런 자를 관심사병이라고 한다지만, 부대장을 비롯해서 장교들은 그 병사 때문에 여간 골치 아픈 것이 아니었다. 바로 그때 지휘관은 놀라운 아이디어를 냈다. 지휘관은 그에게 위병소의 근무자로 발령을 내고 완장을 채워 주었다. 계급도 아예 병장으로 달아주고 위병소 안에 있는 간이 영창을 관리까지 하도록 했다.

　　당시 군대에서는 이런 경우를 마이가리 병장이라고 했다. 그는 갑자기 얻은 완장의 위력이 얼마나 큰지 실감했다. 우선 부대를 출입하는 모든 장병들의 군기를 잡고 위협적으로 부대 내에 임시 영창의 관리자로서의 임무를 톡톡히 해냈다. 지휘관으로서는 관심 사병에게 완장을 채워 줌으로써 부대를 원만히 이끌 수도 있고, 말썽꾸러기를 잘 관리하는 꼴이 되었다. 그런데 완장을 찬 그 사병은 자기 뒤에 지휘관이 있음을 믿고, 점점 권력을 행사하더니 폭력까지 휘두르고 있었다. 그런데 어느 날 그는 자기 권력을 이용해 폭력을 행사하고, 돈을 갈취한 사건 때문에 일등병으로 강등되고 완장이 벗겨지고, 도리어 자기가 관리하던 그 영창에 갇히게 되었다. 권력의 뒷배를 믿고 설치다가 우습게 된 사건이었다.

필자는 그 옛날을 회상하면서 1983년 윤흥길이 쓴 소설『완장』이 생각난다. 이 소설은 MBC에서 드라마로 방영되었고, 그 소설과 드라마는 오늘의 한국 상황의 민낯을 보여주는 작품이었다. 이 소설의 주인공인 임종술은 놈팽이요 건달이었다. 마을 저수지를 최 사장이 사용권을 확보하고, 유료 낚시터로 개장할 계획이었다. 그러다가 객지를 돌아다니다가 망나니와 깡패로 살아오던 종술이에게 월급 5만원에 감시원 자리를 주고 비닐 완장을 채워준다. 그러나 종술은 노랑 바탕에 '감독'이라는 파란 글씨에다 좌우로 세 개의 빨간 줄을 그린 비닐 완장을 맞춘다. 그래서 이 소설은 사람이 완장을 차면 어떻게 돌변하는가를 잘 보여준다. 특히 완장을 차는 사람이 과거에 전과가 있거나, 개인적으로 가정적으로 사회적으로 문제가 있는 사람일수록 완장을 차면 더욱 돌변하고 열정적인 사람이 된다.

완장은 권력이다. 그러니 종술은 완장을 차고 난 후에 눈에 뵈는 것이 없어졌다. 그래서 그는 마을 이장이고, 경찰이고, 친구고, 동창을 가리지 않고, 닥치는 데로 폭력을 가하고 거들먹거렸다. 이제 종술은 누구의 말도 듣지 않고, 마치 브레이크가 파열된 자동차처럼 질주하고 있었다. 완장은 곧 종술이고, 종술은 곧 완장이었다. 그는 완장의 능력과 힘이 얼마나 대단한 것임을 알아버렸다. 하지만 그 마을에 최악의 가뭄이 들자 관청에서 저수지의 물을 방류하기로 결정을 했다. 이로써 종술에게 완장을 채워준 최 사장의 계획도 무산된다. 그래도 종술은 끝까지 완장에 매달리고 쥐꼬리만한 권력에 심취해서 그것을 놓지 못한다. 그러다가 애인인 부월이가 종술을 찾아와 완장을 뺏어 저수지에 던지고, 그 완장은 물 위에 둥둥 떠내려갔다.

이것은 소설이지만 현실이다. 현실이 소설화 된 것이다. 오늘의 한국 사회는 '완장 공화국'이다. 아주 멀쩡한 사람도 '완장'을 차면 기고만장하고 뵈는 것이 없어진다. 특히 과거에 만주화랍시고 운동권에서 날리던 사람들이 완장을 차면 완전히 돌변한다. 특히 이런저런 불법 또는 사회주의 경력으로 몇 번 감방에 갔다 온 사람들이 완장을 차면 아주 위험하기 짝이 없다. 우리 사회에서 완장 찬 사람 중에는 백수 건달, 놈팽이도 많다고 들었다. 수많은 직책 가운데 공직은 확실한 완장이다. 문제는 완장을 채워주는 권력자가 자신에 대한 충성도를 기준으로 완장을 채워 준 자에게 정의나 법 따위는 없고, 오직 지사충성하게 된다. 완장 찬 사람에게는 국민도 안 보이고, 나라도 안 보이고 오직 임명자의 입맛을 맞추는 것이 완장을 유지하는 것이 된다. 사실 완장 하면 독일 나치의 히틀러가 찬 완장이 생각난다. 히틀러는 미친 자이다. 미친 자에게 완장을 채워주는 것은 대단히 위험하다. 본 회퍼가 미친 자에게는 운전대를 맡길 수 없다는 말은 완장의 위험성을 알기 때문이다. 또한 중국의 홍위병들이 차고 있었던 완장은 사람 죽이는 완장이었다. 또한 인민군들이 차고 있던 완장도 그들에게 공산주의 이상을 달성하려는 폭력의 상징이었다.

물론 한국의 모든 과거 정권도 완장을 채워주는 자들과 완장을 찬 사람들이 많았다. 하지만 오늘처럼 정부의 관리들과 법조계에 완장을 차고 있는 자들이 그토록 문제가 많고, 흠결이 많아도 완장 채워준 자의 뒷배를 믿고 꼭두각시 노릇을 하고 있는 것인지 안쓰럽다. 요즘은 구청 직원, 동직원들도 교회를 돌아다니면서 대면 예배 감시를 하는 것도 완장 채워준 자를 위한 사명을 다하기 위해서 교회를 위협하고 겁박을 주고 있는 것도 사실이다.

1880년 10월 20일 아브라함 카이퍼 박사가 쁘라야(자유) 대학교를 설립하면서 외친 연설이 생각난다.

"이 학교를 세우는 이유는 국가지상주의, 우상주의 국가가 교회, 개인의 신앙, 교육 등을 모두 장악해서 개인의 자율권을 박탈하기 때문이다"라고 했다. 독재와 국가지상주의를 위해서 완장 차고 설치면서 일하는 분들이 귀담아 들었으면 한다.

06.

밥값을 하자

　코로나19의 파장이 크다. 소상공인 자영업자들이 속속 폐업하고 있고, 청년들은 일자리가 없어 밥 먹는 것도 어렵다고 한다. 어떤 이는 삼각김밥과 라면으로 두 끼를 때운다고 한다. 알바를 하려해도 일자리가 없다. 또한 청년들의 비정규직 자리도 하늘의 별 따기다. 그래서 지금 젊은이들을 가리켜 이른바 꿈을 포기한 '꿈포'세대라고 한다. 지금의 20,30대 청년이면 부모의 나이는 이미 60대 전후일 것이다. 60전후의 세대는 국가가 버린 세대라고 한다. 노후도 준비 못한 세대! 그러니 최근에 경제가 곤두박질 하는데다 코로나까지 덮쳐, 실은 밥 먹고 사는 것이 가장 중요한 것이 되었다.

　오늘날은 청년들도 문제지만, 노인들이 더 큰 문제이다. 은퇴자들의 재취업은 안 되고, 자녀 교육을 위해서 모든 것을 다 바친 부모 세대들은 죽지 못해 사는 사람들이 늘어났다. 노인네 들은 힘 떨어지고, 갈 곳도 없고, 그래서 기초생활비로 겨우 살아가는 쪽방에서 사는 노인들은 장수 시대가 뭔 의미가 있는가 싶다. 하기는 예전에 우리나라 사람들이 주로 하는 아침 인사는 '밥 먹었습니까?'였다. 물론 우리나라가 세계에서 최빈곤 시대에서 나온 말이지만, 요즘 소득 3만불 시대라 하지 않는가? 세상이 달라지고, 모두 자가용 한두 대는 기본이고, 모두 핸드폰 없이는 못사는 시대에 살고, 와이파이가 세계 최고 수준이요, IT가 세계 최고인 것은 맞지만, 이 땅에는 아직도 밥 문제를 해결 못하는 사람들이 많이 있다. 그래서 한국에는 밥 문제도 해결 못하고, 집 문제도 해결 안 되어 노숙하는 홈리스들도 많다. 물론 미국에서도 홈리스들이 65만 명 이상이라고 한다. 그마저도 차를 타고 다니는 홈리스는 포함되지 않는다고 한다. 그런데 일 년에 버리는 음식물이 8조 원이란다(10년 전 통계).

나는 어린 시절 밥을 먹어본 기억이 많지 않다. 그때는 해방되기 전이기에 하도 먹을 것이 없어, 소나무 껍질을 벗겨, 그것을 절구통에 찧어서 이른바 송귀떡을 먹고 겨우 연명을 했었다. 그러니 나는 자연스럽게 영양실조에 걸렸고, 네 살까지 일어서지도 못했다. 조국이 해방되고, 대한민국이 세워졌으나 몇 해후 6·25전쟁이 일어나고 밥을 먹을 수 없던 시대였다. 내 기억으로는 초등학교 때 도시락을 싸가지고 가본 기억이 전혀 없었다. 집에서는 주로 술 도가에서 나온 찌꺼기에 사카린을 타서 먹었고, 혹시 쌀이 생기면 멀건 죽에 다 시래기를 넣어서 이른바 갱죽을 만들어 연명을 했던 기억이 있다. 그 시대의 가난한 사람들 모습이다.

그런데 지금은 이토록 세계 십대 강국인 대한민국에 어째서 이런 상황이 나왔을까? 코로나 코로나 하지만 부의 불평등은 결국 정치가 엉망진창이 되었기 때문일 것이다. 정가에서 흔히 하는 말이 있다. '정치란 밥을 사고, 밥 얻어 먹는 것이란다.' 정치하는 사람들, 나라를 경영하는 자들은 국민의 혈세를 가지고, 저희들끼리 자리 지키고, 일감 몰아주고, 부정을 덮어주고, 자기들을 후원하는 관변 단체에만 지원금을 보내고, 한 마디로 법이 없는 세상이 되었다. 우스개 소리로 이제 우리나라는 육법전서 위에 탈법과 무법과 불법이 더 성행하는 나라가 되었다. 뿐만 아니라 이 땅에 밥 못 먹는 사람들이 이토록 많은데, 이 정부는 북한을 돕는다는 명분을 내세워 몰래몰래 천문학적 달러를 보내고 물자를 지원해 왔다. 세계 최고의 우리 원전을 파쇄시키고, 북한의 원전을 지어주기로 고려했다니 도무지 무슨 소리인지 모를 일이다. 우리가 북한 주민을 도와야 하는 것은 맞지만, 이 정부의 형태는 북한 정권을 도와서 평화 통일을 하자고 한다. 공산주의란 낡아 빠진 이데올로기에 물든 사람들에게는 그럴듯한 말이라 하겠지만, 북한 주민을 돕는 최선의 방법은 대한민국에 와 있는 탈북한 형제자매를 돕는 것이 시급하다. 그리되면 그분들이 여러 방법으로 가족들에게 송금도 하고, 도움을 주면 통일이 앞당겨 질 수가 있다. 그러나 김일성 왕조 우상 정권이 잘되도록 몰래몰래 돕는 것은 넌센스이다.

지금 정치권은 밥 못 먹는 가난한 백성들을 위해서 대안을 제시해야 한다. 당장 힘들고 어려운 상황에 있는 사람들에게 코로나 방역 핑계로 찔끔 찔끔 돈을 풀어서 생색을 내고 여론몰이 정책일랑 그만했으면 한다. 들리는 말로는 집권자들은 자기네들 정권 유지에 도움되는 사람들과 기관들을 보살피고, 선거에 승리하도록 하는 데는 이미 물 건너간 지역인데도 그곳에 신공항을 짓는다고 한다. 정권을 위해서는 몇 십조를 푸는 것은 문제가 아니라는 것이다. 연봉 일억 삼천 만원을 받는 여야 국회 의원들은 정말 밥값을 하고 있는지 모르겠다. 밥값을 못하면 이름값이라도 해야지 않을까?

그리고 이 땅에 지성인들인 대학교수들은 물론 자기 분야에는 최고겠지만, 밥값이나 하고 있는지…또 지금 한국 교회가 어려운 중에 있다. 이른바 '일목' 즉 일하는 목회자의 숫자가 8,000명이라고 들었다. 교회당이 없는 연약한 교회들이 전세금을 내지 못한 가난한 일목들이 하루하루를 전전긍긍하고 있다. 그런데 대형 교회 목회자들은 이런 시국에 어째서 입을 다물고 있는가?

3·1운동 정신으로 나라부터 살려놓고 봐야겠다.
모두 밥값은 하고 살아야 하지 않는가?
밥값을 못하면 이름값이라도 해야 하지 않는가?

07.

대업(大業)

2008년, 개성 관광의 문이 잠시 열렸었다. 그때 나는 전국대학 원장 그룹과 함께 당일치기로 개성 관광을 다녀왔다. 기억에 남는 것은 박연 폭포와 선죽교였다. 특히 나는 포은 선생의 27대손이라, 선죽교에 대한 인상이 남달랐다. 숭양서원에서 포은 정몽주 선생의 영정을 보고, 선죽교를 걸었다. 원래 선죽교는 919년 만들어진 것으로 동서남북을 돌로 난간을 쳐 놓았고, 그 옆에 또 다른 돌다리가 있었다. 나는 조상의 옛일을 생각하면서 여러 번 왔다 갔다 했다. 그리고 많은 생각을 했다. 고려말 충신이요, 유학의 거성이요, 존경받는 어른인 포은 선생이 새로운 세력 이성계와 그의 아들 이방원이 이끄는 이른바 '대업'을 꿈꾸는 개혁 세력과 맞짱을 떴다. 그는 온갖 회유를 물리치고 단심가를 부르고 선비의 도를 지켰다. 그러나 이방원은 수하들을 시켜서 포은 선생을 척살하고 제거했다. 그곳이 선죽교라 한다.

그래서인지 나는 최근 KBS 대하 드라마 '이방원'을 열심히 보고 있다. 극이 진행되면서 전개되는 내용에서 정치의 세계는 500년 전이나 지금이나 전혀 다르지 않고, 판박이라는 생각이 들었다. 정치가들은 그때나 지금이나 말끝마다 명분(名分)을 내세운다. 그런데 극중 대사 가운데 '힘이 곧 명분이다'라는 말이 나왔다. 힘을 가진 자 즉 칼을 가진 자가 명분이고 그것이 정의란 것이다. 명분이란, 모든 사람들이 수긍할 수 있는 이유를 말한다. 그런데 권세를 가진 자들의 행동이 곧 명분이고, 정의가 된다는 것이다. 극중에서 이성계는 여러 번 '民'이라는 글자를 썼다. 백성 즉 국민을 먼저 생각하고, 국민의 뜻을 따르려고 했다는 것이다. 그런데 '民'을 지렛대로 왕권 찬탈, 좋게 말하자면 새 왕조를 만들었다. 흔히 대업을 위해서는 반대파를 무자비하게 척살하고, 옥에 가두고, 귀양 보내고, 백성들의 입과 귀를 틀어막으면서 이른바 역성혁명을 해서 보위에 오른다.

사실 '민심이 천심이다'라고는 하지만, 민심도 선전 선동으로 공작의 대상이었다. 지난 수년간 대한민국에는 국민을 개, 돼지로 아는 정부가 있었다. 여기다가 좌파 법조인들과 좌파 언론들이 환상적인 콤비를 이루어서 여기까지 왔었다. 그래서 광화문 광장에서 100여만 명이 모여서 대통령의 하야를 외치고, 정부의 잘못을 규탄해도 꿈쩍도 안하고 제 갈길을 갔었다. 참 낯도 두껍고 뱃장이 두둑했다. 그것은 어딘가 믿는 구석이 있었기 때문이다. 잘 훈련된 조직적인 종북 세력인 민노총이 결사웅위하고, 잘 조직된 전교조가 뒷받침하였다.

어디 그뿐인가? 모든 정보를 독점한 정부는 이 땅에 사회주의 정부를 만들기 위해서 기상천외한 방법으로 사람들을 쇠뇌시키고 있었다. 특히 정치 공작자들은 젊은이들에게는 정치에 무심하도록 만들고, 종교계에는 정교분리를 교리화하여 현 정부에 대해서 비판하는 자들은 감옥에 가두고, 협력하는 자들은 대화의 창구를 십분 활용했다. 그동안 국민을 속이는 방법도 여러 가지였는데, 멋진 기획 상품을 개발했었다. 그것이 곧 촛불시위로 세상을 뒤집고 선동을 했다. 그러면서 항상 '民'이라는 글자를 앞세웠다. '미순이', '효순이'를 앞세워서 국민 감정을 격동시키고 세상을 바꾸었다.

선거가 가까워 오자 무슨 꿍꿍이가 있는지 병든 박근혜 대통령을 사면 복권하였다. 그러면서 슬쩍 공산주의자요, 붉은 세력인 한 아무개, 이 아무개도 석방시켰다. 그러니 앞으로 선거판이 어찌 될지 알 수가 없다. 그자들의 수가 만수이다. 공산주의자가 대통령이 돼서 나라를 엉망으로 만들어도 찍소리 못하는 영적 지도자들도 한심하지만, 전과 4범이 대통령 후보로 나와도 그를 지지하는 세력이 만만치 않다. 어쩌다 대한민국이 이토록 일그러지고 망가졌는지 알 수 없다. 한마디로 지금 우리는 막장 드라마를 보고 있는 듯하다. 대통령도 막장이고, 후보들도 막장이고, 언론도 막장, 법조계도 막장이다. 또한 그들에게 업혀서 칼춤을 추는 자들도 매한 가지다. 드라마 '이방원'이 어찌 전개될는지 알 수 없다. 역사대로 하면 이방원은 형제들도 죽이고, 처남들도 죽이고, 스승도 죽였다. 그러고도 그는 그것을 '대업'이라고 했다. 결국 힘이 명분이고, 힘이 정의가 되고, 힘이 진실이 되어 버린 것이다. 그자들이 박 대통령 석방을 무슨 시혜로 생각하면서 반전을 노릴지는 아무도 모른다. 왜냐하면 이미 사회주의, 공산주의에 물을 먹은 사람들은 수단, 방법을 가리지 않고, 쟁취하는 것이 그들의 목표이기 때문이다.

누군가는 '역사는 반복된다'고 했다. 이 땅에 자유 민주주의가 짓밟히고, 교회의 예배가 통제되고, 감시되어도 어째서 영적 지도자들은 말 한마디 못하고 있는가? 그리되면 한국 교회는 빛을 잃고 역사의 뒤안길로 서서히 사라질지도 모른다. 그러므로 예수님의 말씀은 '깨어 있으라!'였다. 파수꾼은 잠자는 사람들을 깨우는 데 있다.

'자는 자여 어쩜이뇨!'

08.

문화 맑스주의

　나는 TV뉴스는 안보지만, KBS 아침마당과 열린 음악회는 가끔 시청하는 편이다. 그런데 며칠 전 열린 음악회 무대 뒤 배경을 보고 이상한 생각을 했다. 열린 음악회는 약 1시간 동안 영화 음악을 주제로 클래식 전문 성악가들이 아름다운 독창 순서가 있었다. 그런데 무대 배경에는 무슨 의도였는지 가로 직사각형의 한 가운데 큰 별이 있었다. 나는 직감적으로 그것을 보고 북한의 인공기가 생각났다. 나는 그것을 캡쳐해서 여러 사람들에게 보여 의견을 물어보니, 모두 나와 같은 생각을 했다고 한다. 왜 열린 음악회의 배경 무대를 인공기처럼 상징화 했을까?

　나는 지난주 KBS의 시청자 민원에 전화를 걸어 내 의견을 전달했다. 어째서 국영방송국의 프로그램에 인공기를 생각나게 하는 배경을 했냐고 따졌다. 그러나 그 여직원은 제작진에게 한 번 알아

보겠다는 답변뿐이었다. KBS가 왜 이럴까 싶다. 하기는 KBS뿐 아니다. 모든 종편 방송과 신문들은 어느새 종북 사상을 자연스럽게 프로파간다 하고 있다. 그것은 언론뿐 아니다. 하기는 대통령 자신이 간첩을 가장 존경한다고 했고, 공산주의자를 민족의 모델로 하자고 공식적으로 발표했다. 그러니 그를 둘러싼 참모들, 장관들, 당원들이 모두 같은 생각, 같은 말, 같은 행동을 하고 있지 않은가? 그런데 대통령의 생각을 강력히 비판하던 어느 목사를 몇 차례 구속시켰다. 진정으로 대통령이 자유 대한민국의 행정수반이라면 비판자의 입을 틀어막을 것이 아니라, 국민을 향해 진심으로 사과하고 자유 민주주의와 시장 경제를 지키겠다고 하면 그만이다.

하지만 지금 한국은 어느새 모든 면에서 사회주의, 공산주의 독재 체제로 굳어지고 있다. 더욱이 최근에 미국의 상황을 보면 더기가 막힌다. 미국은 문화 맑스주의에 깊이 감염되어 딥 스테이트들이 정치, 경제, 사회, 문화, 예술 등에 깊숙이 관여하여 권력과 돈이 지배하는 세상이 되었다. 바이든이 대통령이 취임을 했고, 중국 공산당의 도움으로 부정 선거를 했지만, 언론은 지금까지 아무 보도도 하지 않고 있고 주 판사, 연방 판사들은 그 사실을 깔아뭉개었다. 한국에도 125건의 불법, 부정 선거 신고가 있었으나, 법원은 아예 취급도 안하고 세월을 보냈다. 나라가 이 지경이 되고 있는데, 그 많은 한국의 지성인, 지식인들은 다 어디에 숨어 있는가? 이미 한국은 문화 맑시즘(Cultural Marxism)에 단단히 세뇌되었다.

문화 맑시즘은 맑스 혁명의 새로운 전략이다. 정통 맑스주의가 실패하자 문화를 통해서 맑스주의 이념을 심어주자는 것이다. 우리나라도 1990년대부터 맑스주의를 문화의 형태로 바꾸어 침투하고 있다. 우리나라의 좌파들은 좀 특이하다. 즉 정통 맑스주의에다 북한의 주체사상을 가미한 형태의 문화 맑스주의자들이다. 그래서 이런 사상을 세작들이 잘 퍼뜨린 결과 잘 훈련된 종북 사상가들이 배출되었고, 지금 각계각층에 포진되어 있다. 그들은 종래의 맑스주의를 말하지 않고, 도리어 교육, 음악, 미술, 소설, 연극, 영화를 통해서 기존의 가치관을 파괴하는 작업을 해오고 있다. 이러한 문화 맑스주의 운동은 자연스럽게, 한국이 가지고 있던 자유 민주주의, 자유 시장 경제에 회의를 갖도록 하고, 가치관의 혼란을 가지도록 해왔다. 문화 맑시즘의 목표는 '가정 파괴', '종교 파괴', '도덕 파괴', '사유 재산 파괴'를 부추기고, 국민들을 국가의 도움을 받는 국가 의존형 인간으로 만들고 있다. 그래서 사회주의, 공산주의 나라를 건설한다는 것이 결국 그들의 목표이다.

그런데 지금 한국의 보수주의자들과 교회의 지도자들은, 이 정부의 지도자들이 추구하고 있는 문화 맑스주의 정책에 놀아나고 있어도 앞뒤를 구분 못하고 있다. 나는 속이 타 들어가고 있다. 이 문화 맑스주의의 궁극적 목표는 기독교를 파괴하고, 기독교적 가치관, 기독교적 세계관을 없애려는데 있는 것을 잘 알고 있기 때문이다. 그래서 지금은 맛보기로 교회를 손보고 있다. 특히 지난 일년 동안 코로나 펜데믹 상황 중에서 이 정부는 이런 상황을 교묘히 이용해서 음악, 미술, 영화, 방송 등 모든 문화 매체를 총동원해서 국민들을 자신도 모르게 속여서 자연스럽게 사회주의, 공산주의에 길들이고 있는 것을 왜 모르는지 참 속이 상하다. 그중에서도 세계적 인기몰이를 하고 있는 한국 영화들은 사실상 은연중에 공산주의 이념을 부추기고, 젊은이들에게 종북 사상을 불어 넣고 있다. 이는 사회주의 사상에 물든 헐리우드 영화인들의 마음을 사로잡았고 최고의 상을 받게 했다.

아모스 선지자는 '공의가 강물처럼 흐르기를' 기도했지만, 오늘날 한국 사회는 불의가 모든 영역에 강물처럼 흐르고 있다. 그러니 KBS를 비롯해서 모든 종편 방송들과 언론들이 합력해서 자유 대한민국을 공산화 프로그램인 문화 맑스주의를 통해 세상을 바꾸려는 시도를 하고 있는데도 지금의 교회 지도자들은 별로 관심 없다.

오늘의 한국은 문화 맑스주의로 갈 것인가?

09.

목적이 이끄는 삶?

중학교 때 들은 이야기다. 실업 담당 선생님의 말씀이 65년의 세월이 지났음에도 아직도 내 귀에 쟁쟁하다. 그 선생님의 말씀은 이랬다.

"인생은 마치 굴렁쇠 던지는 게임과 같다. 목표물인 쇠막대기를 향해서 굴렁쇠 10개를 던지면, 모두 맞추기는 어렵다 해도 던진 굴렁쇠는 적어도 그 목표 지점에는 떨어지게 된다. 그러므로 사람이 어떤 목표를 위해서 구체적으로 행동하다 보면, 반드시 결과가 있게 마련이다"라는 대강 이런 말씀이었다. 그때 나는 그 말씀에 감동했다. 이것이 요즘 우리 식으로 말하면 '목적이 이끄는 삶'이라고 할 수 있을 것이다.

『목적이 이끄는 삶』은 미국의 번영주의 목회자 릭 워렌(Rick Warren)의 히트작인데, 한국의 이름 있는 대형 교회 목사님들은 그를 대거 추천했고, 이 책은 100만 부 이상이 팔렸다고 한다. 이 책은 하도 인기가 많아서, 심지어 개척 교회 목사, 신학생, 평신도에 이르기까지 모두가 읽었고, 그 책을 가지고 연속 설교나 공과(소그룹 모임) 공부처럼 사용하기도 했다. '목적이 이끄는 삶'이란 이 책의 내용이 아니더라도 참 중요하다. 릭 워렌의 책의 내용을 보면, '인간은 하나님의 특별한 목적을 위해 지음 받았다'는 것이다. 그러므로 하나님의 창조 목적과 우리에게 주어진 목표를 하나씩 수행하면, 결국 인간은 하나님이 주시고자 하는 풍성한 축복을 받는다는 것이고, 목적이 이끄는 삶을 살다가 보면, 우리도 성공적인 삶을 살 수 있다는 내용이다. 이 책의 흐름을 보면 그것을 위해서 여기저기 성경 구절을 증거 제시하기도 한다.

릭 워렌은 미국 켈리포니아주의 새들백 교회를 성공적으로 이끌면서, 놀라운 대부흥을 일으켰다. 한때 한국의 지도자들은 그를 초청해서 대형 집회를 열고, 그가 마치 이 시대의 메시야인 것처럼 대하고, 그에게 기도 한 번 받고, 손 한 번 잡아보고는 난리를 쳤다. 릭 워렌은 설교 단에 올라가서도 그만의 독특한 스타일은 바지에다 운동화를 신고, 노타이 바람으로 설교랍시고 했다. 그의 모습은 기독교의 전통을 깨뜨리고, 상식을 깨뜨리고, 예전을 깨뜨리고, 뉴 에이지 식으로 설교를 해도 한국 교회 목회자들과 성도들은 그를 극진히 환영하고, 열열히 지지했다.

그런데 '목적이 이끄는 삶'이란 책 내용을 분석해 보면 결국 인간은 자기 마음 먹기 따라서 내 운명과 나의 생애가 바뀐다는 그 정도 수준이다. 이는 지극히 미국의 번영주의 신학과 신앙을 말하고 있다. 번영주의 신학과 신앙은 성경도 말하고, 예수도 말하지만, 결국은 심리학과 마케팅 이론을 접목시킨 미국적 세속화의 결정품이다. 이런 류의 사람들은 릭 워렌 말고도, 로버트 슐러(Robert Schuler), 조웰 오스틴(Joel Osteen)이 모두 이 같은 그룹에 속한다. 이들은 한결같이 프로이드의 심리학과 노만 빈센트 필(Norman Vincent Pill)의 영향을 받은 지극히 인본주의요, 세속주의적 발상으로, 일단 인간에게 기쁨과 평안을 주고, 위로와 격려를 해서 긍정적 사고방식을 가지면 성공한다는 그런 것이다.

미국의 참된 복음적이고 개혁주의적 대설교가인 존 파이퍼(John Piper) 목사는 말하기를, "미국의 번영주의가 아프리카와 아시아에 전파되는 것을 참으로 부끄럽게 생각한다"고 했고, 또 "그것은 복음이 아니다."라고 했다. 그리고 존 맥아더(John MacArthur) 목사는 말하기를 "릭 워렌의 목적이 이끄는 삶에는 복음도 없고, 구원도 없고, 죄의 문제도 없고, 심판도 없고, 생명을 얻는 회개도 없다"고 하면서, "그것은 오직 목적을 위해서 수단 방법을 가리지 않는 미국적 사고 방식이다"라고 비판했다. 결국 그것은 '반기독교적이다'라는 말이다.

그동안 한국 교회는 부흥에만 목말랐던 것이 사실이다. 그러다 보니 제대로 신학 공부도 안하고, 경건 훈련도 없는 목회자들이 배출되어서 '우선 먹기는 곶감이 달다'는 말처럼, 부흥, 부흥만을 열망하다 보니 릭 워렌의 사상과 방법을 환호해 왔었다. 그런데 코로나19 펜데믹이 1년 이상 계속되자 드디어 한국 교회의 민낯이 들어났다. 쇼핑몰 같은 교회, 백화점 같은 교회들은 '목적이 이끄는 삶'이 무엇이었기에 한국의 정치가 이토록 뒤죽박죽 되어 있는데도 말 한마디 못하고, 꿀 먹은 벙어리가 되었을까? 굼벵이도 밟으면 꿈틀거린다는데, 정부가 코로나 정치로 교회를 길들이려고 하는 이 시기에 아직도 '목적이 이끄는 삶'을 노래하는 것을 보니 참으로 기가 찬다.

한국 교회는 이제라도 복음의 본질로 돌아가야 한다. 이제라도 하나님의 말씀을 힘있게 증거하고, '목적이 이끄는 삶' 따위의 번영주의 신학에서 벗어나서, 사도적 교회, '복음과 함께 고난받는 교회', 작아도 '살아 있는 교회'가 되어야 한다. 오히려 오늘의 정부는 '목적이 이끄는 정책'을 쓰고 있었다. 이 정부의 목적은 연방제 통일이라는 거대한 목적을 향해서 4년간 굴러 왔고, 그 목적을 위해서 수단과 방법을 가리지 않고, 기획하고 공작을 해 왔음에도 한국 교회는 '목적이 이끄는 삶'이라는 번영주의 사상에 매몰되어 말 한마디 못하는 어리석고 미련한 교회가 되어 버렸다.

이제라도 한국 교회는 번영주의를 그만두고, 길선주, 김익두, 김화식, 이성봉, 주기철, 손양원, 한상동, 박형룡, 박윤선 목사님들이 발을 굴리며 외쳤던 그 신앙으로 돌아가야 한다.

10.

카이퍼와 트럼프

그저께 KBS 뉴스 시간에는 '미국이 돌아왔다'고 했다. 그러나 내 생각은 미국이 보이지 않는다. 자유 민주주의 국가에 자유가 없어지고, 민주주의도 없어졌다. 부정 선거로 당선된 바이든이 미국의 새로운 대통령으로 취임했다. 부정 선거의 사례가 산더미처럼 많았지만, 행정 관료, 미국의 하원 의원, 상원 의원, 검사들, 연방 판사들, 주 판사들 FBI, CIA, 모든 TV 방송들, 신문들, 빅텍들이 부정 선거에 침묵하고 진실과 여론을 깔아뭉겠다. 그리고 마치 아무 일도 없이 정상적으로 치루어진 11·3선거를 트럼프 대통령이 딴지를 걸고, 미국 시민들을 충동질했다고 합심해서 선전했었다.

이번에 트럼프가 문제 제기한 대로, 미국의 정치, 경제, 사회, 문화, 법조, 언론 등이 하나같이 기득권 사수를 위해서 수단 방법을 가리지 않고, 거대한 중국 공산당의 도움으로 돈과 권력을 움켜쥐고 누리는 공룡 집단이 되었다. 기득권자들은 딥 스테이트를 만들었고, 워싱턴 D·C의 더러운 늪을 만들어 그 속에서 사는 파충류들이 되었다. 그러니 미국은 민주주의 곧 일반 백성이 주인이 아니고, 권력과 돈에 환장한 부도덕한 인간들이 수단 방법을 가리지 않고, 귀족들이 되어서 대를 이어 천년만년 살려고 작당들을 해왔다. 미국은 지금 돈이면 사회주의든, 공산주의든 상관하지 않고, 권력을 잡고, 불법과 불의를 식은죽 먹기 식으로 생각하는 관료 집단, 국회 의원들, 판검사들, 언론사들이 이번에 한몫을 챙기었다. 과거의 미국 민주주의는 없어졌다.

사실 우리로서는 끝까지 숨죽이고, 트럼프의 승리를 염원하고 응원했었다. 왜냐하면 미국의 문제는 바로 우리 대한민국의 문제이기 때문이었다. 그러나 끝내 트럼프 대통령은 거대한 공룡 집단을 해체하지 못하고 대통령직을 끝냈었다. 우리는 부정과 불의가 승리하는 꼴을 봐 줄 수가 없었다. 실제 지금부터 4년 전에 그 누구도 트럼프가 대통령이 되리라고 예측하는 사람이 없었다. 트럼프는 한 번도 상원 의원이나 하원 의원을 해 본 일도 없고, 더구나 주지사를 해본 일도 없었다. 그는 워싱턴 D·C의 이방인이었다. 그는 부동산 사업가로서 말하자면 트럼프는 장사꾼이었다. 그런데 공화당의 쟁쟁한 상원 의원, 하원 의원, 주지사들이 나온 후보들에 어울리지 않는 사업가가 공화당에 대통령 후보가 된 것도 기적이고, 힐러리가 대통령이 될 것이라고 100% 장담하던 선거에서 트럼프가 역전해서 대통령이 되었다. 그것은 미국 민권의 승리였다.

트럼프 대통령은 미국 우선주의를 앞세워서 경제를 부흥시키고, 노동자들과 일반 소시민에게 꿈과 희망을 주는 정책으로 미국을 살려냈다. 하지만 지금의 미국의 민주당은 말할 것도 없고, 심지어 공화당도 4년 내내 트럼프를 탄핵해서 몰아내는 운동을 했다. 정치권은 말할 것도 없고, 법조와 언론이 철저히 짜고, 트럼프를 몰아내는데 올인 했었다. 그 거대한 음모가 4년 동안 진행되어 왔고, 11·3선거에 중국 공산당들과 무더기 표 도둑질을 해서 바이든을 대통령으로 당선시켰다. 약 두 달 동안 우리는 트럼프가 악의 뿌리를 뽑고, 부정 선거를 처단하고, 더러운 워싱턴의 늪을 청소하기를 기대했으나, 트럼프의 입도, 글도 틀어막고 모든 언론이 합동해서 거짓 선동질을 해서 결국은 트럼프의 미완의 혁명은 좌절되었다. 그리고 바이든이 취임을 하자, 우리 정부는 안도의 숨을 쉬고 발 빠르게 거기에 편승했었다. 앞으로 미국 정계와 사회가 어찌 돌아갈는지 우리는 알 수 없다. 바이든은 미국과 민주주의를 살리겠다고 했지만, 올림픽 경기 금메달리스트도 후에 약물 복용이 인정되면 금메달이 박탈된다. 지금의 미국 정치는 부정을 덮고 가는 것이 민주주의인양 착각할 정도로 잘못된 방향으로 가고 있다.

나는 그간의 트럼프의 외로운 투쟁을 보면서 갑자기 100년 전의 화란의 수상이었던 아브라함 카이퍼 박사가 생각났다. 카이퍼가 정치에 입문하던 때의 유럽과 화란의 정치 지형을 살펴보자. 당시는 불란서 혁명의 불길로 유럽 전체가 좌파가 되었다. 좌파들은 전통적인 기독교 세계관을 없애기 위해서 주인도 없고(No Master),

하나님도 없애고(No God)를 외치며 사회주의, 인본주의, 합리주의, 세속주의 사상을 주창했다. 더구나 당시에 국회는 공산주의 운동의 지도자 트룰스트라(Mr. Troelstra)가 권력을 잡고 좌충우돌하던 시기였다.

대학교는 모두 인본주의적, 무신론적, 진화론들을 가르치고, 대학 교육 자체가 좌파 운동의 본산이었다. 바로 그때 아브라함 카이퍼는 목사로서 스승 흐룬 본 프린스터에게 물려받은 꼬마 정당의 당수가 되어, 이 거대하고 타락한 정부와 의회에 도전했다. 카이퍼는 먼저 대학을 세워 참된 성경적 세계관, 신본주의 세계관, 칼빈주의 세계관을 가르치기 시작했다. 세상과 역사를 바꾸려면 먼저 사람의 사상을 바꾸어야 했었다.

둘째는 그 자신이 일간지와 주간지를 창간하고 편집장이 되어 50년간 날마다 수많은 칼럼과 논문을 쓰면서 국민들을 깨우는 운동을 했다. 그리고 그는 거짓된 좌파 논객들 특히 공산주의자 트룰스트라와 논쟁에서 그 웅장한 메시지와 논리로 그를 꺾고, 의회를 장악하고, 화란의 수상이 되어 기독교적 민주주의 국가로 만들었다.

나는 트럼프가 퇴임해서 플로리다에 있다지만, 트럼프는 미국 역사의 링컨 이후에 가장 위대한 대통령이라고 본다. 그는 거대한 공룡조직인 딥 스테이트와 외롭게 싸웠고 워싱턴의 늪을 끝내 청소하지 못했지만, 7000만 명의 그를 지지하는 애국 미국 시민들에게 자유 민주주의, 평화의 국가에 대한 꿈을 심어주었다. 내가 트럼프에게 바라는 것이 있다면, 카이퍼처럼 그가 가진 엄청난 돈을 가지고, 정말로 진실한 기독교 세계관을 가진 대학교를 세우고, 인물을 키우고, 정론을 펼치는 TV 방송국과 신문사를 세워 국민을 깨워서 정경유착으로 공산당을 받아 들이는 정치꾼들을 몰아내고, 그 옛날 미국 건국 초기의 영국의 청교도, 화란의 개혁주의 성도들, 스코틀랜드 언약도들의 신앙을 다시 회복하는 참된 자유 민주주의 국가를 만드는데 헌신하기를 기도한다.

11.

'말쟁이'와 '글쟁이'

우리말의 '장이'와 '쟁이'는 다르다. 또 장이와 쟁이는 어근의 품사를 변경시키지 않는 접미사이다. 장이는 어떤 일에 전문가를 말할 때 쓴다. 하지만 쟁이는 직업적으로, 습관적으로 일하는 자를 말할 때 쓰는데, 약간은 낮추어 부르는 것이라고 했다. 예컨대, '대장쟁이', '엿쟁이', '풍각쟁이', '노래쟁이', '환쟁이', '멋쟁이', '변덕쟁이', '심술쟁이' 등등… 이렇게 우리말에 '쟁이'라는 말이 붙는 것은 약 80종이나 된다고 한다. 또 외모와 관련된 말에는 '갓쟁이', '안경쟁이', '욕쟁이', '요술쟁이' 등이 있다.

그 중에도 '말쟁이'가 있다. 말쟁이는 말을 잘할 뿐 아니라, 말을 만드는데 선수이다. 있는 말도 꺾어서 말하고 없는 말도 만들어 낸다. 이런 말쟁이는 상대방의 말을 듣지도 않고, 일방적으로 자기의 할 말만 다하고, 상대방의 말은 철저히 무시하고, 마음대로 해석하고 자기 유익한데로 상대방을 무너뜨리는 특별한 기술을 가졌다. 이런 자는 괴상한 논리로 상대의 허를 찌르기도 하고, 거짓말을 그럴듯하게 하면서 상대의 약점을 파고 들어가는 독특한 기술을 가진 자이다. 말하자면 오늘의 정치한다는 사람들, 대통령 후보로 나온 사람들의 모습이다.

정치꾼들은 말 그대로 '말쟁이'들이다.
말쟁이는 말 선수들이다. 진심으로 정직하게 말하는 후보들은 초장에 후보에서 떨어졌고, 말 많은 사람들만 남아서 말로써 말 대결을 하고 있다. 말에는 힘이 있다. 말은 세상을 변화시키고, 사람을 변화시킨다. 말에는 그 사람의 인격과 사상이 있고, 뜻이 있고, 철학이 있어야 하는데, 오늘날 정치 현실은 한심하기 짝이 없다. 말을 둘러대고 상대를 무너뜨리고, 말을 뒤집고, 모르쇠로 일관하다가 상대의 허를 찌르는 참으로 대단한 '말쟁이'들의 경연 대회를 보는 듯하다. '남아일언 중천금'이란 말이 있는데, 남자의 말은 천금같이 무겁고 힘이 있어야 하는데, 가볍기가 냄비 뚜껑 같은 사람들이 어찌 나랏일을 할 것인가? 후보자들에게서 나라의 미래를 꿈꾸는 비전을 들을 수 없고, 우선 먹기에 곶감이 달다는 식으로 시청자들을 속이고, 걸핏하면 국고를 털어서 소상공인들, 서민들, 청년들을 지원하겠단다. 이건 아니라고 본다. 포퓰리즘의 전문가들이 국민의 눈과 귀를 속이는 전략을 그만했으면 한다.

또 '말쟁이'만 문제가 아니라, '글쟁이'도 큰일이다.

'펜은 칼보다 무섭다'는 말이 있듯이, 글만큼 사람에게 영향을 주는 것도 없다. 왜냐하면 글은 그 사람의 사상과 이념, 철학을 갖게 하기 때문이다. 서구 나라들이 아프리카나 아시아에 식민지를 만들고, 절대로 '철학'을 가르치지 않았다고 한다. 생각하는 민족이 되면 반발할 터이니… 일본이 한국을 식민지화했을 때, 일본은 친일언론을 통해서 친일 작가들이 내선일체를 주장하도록 만들었고, 신사 참배는 종교가 아니고, 그냥 국가 의식이라고 국민들을 세뇌시켰다. 결국 그 때나 지금이나 '말쟁이' 못지않게 '글쟁이'도 문제였다.

지난 5년 동안 글쟁이들의 눈과 귀가 가리워졌는지 정론을 펴는 언론은 별로 없었다. 그 숱한 글쟁이들은 '좋아졌네 좋아졌네 몰라보게 좋아졌네' 하면서 용비어천가를 불러댔다. 이것이 바로 대한민국이 민주주의 퇴보를 걷고 있는 이유였다. 하기는 소설가, 영화 시나리오 쓰는 분들도 훌륭한 작가들도 많이 있었지만, 그중에는 사회주의 공산주의 이론을 예찬하면서 만든 소설이나 영화가, 대히트를 치고 떼돈을 버는 자들이 참으로 많이 생겼다.

하기야 나 같은 사람도 '말쟁이'에 속한다고 볼 수 있다. 목사로서 53년을 설교했다. 설교자는 말을 하는 자가 아니고, 성경대로 생명의 복음을 그대로 선포하는 것이다. 그런데 펜데믹 기간 중에 한국 교회와 지도자들은 정부로부터 강단을 제한당하고, 예배를 제한받고 있음에도 꿀 먹은 벙어리가 되고 말았다. 생각해보면 가슴 아픈 일이다. 그리고 이보다 더 크게 가슴앓이를 해야 하는 것은, 한국 교회 강단이 '예수 그리스도의 십자가의 복음'을 전하기보다, 강단 꾼(Pulpiteer) 곧 '말쟁이'가 되어 청중들에게 아부하면서 웃기고, 울리고 자기가 하고 싶은 말만 하고 있다는 현실이다. 이러한 죄들을 회개해야 할 것이다.

물론 민심이 천심이라고 말하지만, 민심도 조작이 가능하고, 민심도 전자 기술로 바꾸는 세상이다. 부정 선거의 증거가 차고 넘쳐도 검사도, 판사도, 아무 말을 안하고 넘어갔다. 말해야 할 때는 침묵으로 슬쩍 넘어가고, 자기 변명을 할 때나, 상대를 쓰러뜨리려고 할 때는 염치없는 말, 독한 말을 쏟아 내고 있는데, 이런 사람들 중에 대통령을 뽑고, 국회 의원을 뽑으라니 기가 막힐 일이다.

한국의 정치는 한국 교회와 맞물려 있다. 교회가 영적으로 깨어 있고, 살아야 대한민국도 살아남을 수 있다. '말쟁이', '글쟁이'들이 흐려 놓은 이 세상을 어떻게 할 것인가? '참 말씀 운동'이야말로 세상을 바꾸고, 시대를 바꾸고 역사를 바꿀 것이다.

12.

목사가 왜 정치를 해?

교회가 왜 정치를 해! 목사가 왜 정치를 해!

  기독교계는 말할 것도 없고, 일반인들도 곱지 않은 시선을 갖고 있다. 교회가 나라를 위해 기도하는 것은 맞지만, 성직자가 정치에 참여하는 것은 바람직하지 않다는 것이 지배적 생각인 듯하다. 더구나 오랫동안 '정교분리'를 교리처럼 생각하는 사람들은, 교회는 구제와 봉사로 섬기는 일을 감당할 뿐, 정치적 발언을 금기시하고 있다.

  더구나 사람들은 과거 문00 목사나, 함00 신부 등이 성직자로서 과격한 정치 활동은 상관없고, 복음주의 보수주의 쪽에서 정치적 발언을 하면 안 된다고 한다. 애국 운동은 몰라도 기독교적 정당은 있을 수도 없고, 있어도 안 된다고 말한다. 하지만 정부 수립 전 북한에서는 이미 장로교의 김화식 목사를 중심으로 '기독 자유당'

도 있었고, 감리교 쪽에서는 '기독 민주당'도 있었다. 그리고 한경직 목사가 만든 '기독 사회당'도 있었다. 이런 기독당들은 북한 공산당에 의해서 철저히 파괴되었다. 사회주의와 공산주의 조직에서는 교회가 정치적 발언을 하면 민중의 아편으로 간주하거나 공산주의 사상에 대한 도전으로 보고, 전부 체포하여 총살시키거나 노동 교화소에 보내도록 했었다.

어떤 논객들은 한국은 다종교(多宗敎) 사회인데, 기독당이 생기면, 카톨릭당, 불교당도 생겨 종교 싸움이나 국론 분열까지 갈 수 있다고 주장한다. 하지만 한번 생각해보자. 오늘날 우리나라가 뒤죽박죽되고, 어디를 봐도 '정의'가 실현되지 않고 있지 않은가? 정부 집권자들과 국회가 철저히 공산주의 체계로 연방제로 질주하고 있다. 그것이 정치뿐 아니고 경제, 사회, 문화, 교육, 예술, 언론, 법조까지 붉게 물들어져 가도, 기독교는 정부의 정책을 비판하면 안 되고, 조용히 입 다물고 신앙생활만 잘하면 그만이라는 생각이 옳은가? 물론 과거에 교회 이름으로, 성도의 이름으로 정치한 사람들 중에 도덕적 문제를 일으킨 사람들도 많았음을 인정한다. 그리고 오늘날 정부나 국회에서 사회주의적 정권을 이끌고 있는 사람들 중에도 장로와 집사들도 있다고 들었다.

그러면 어찌할 것인가? 미국의 토마스 제퍼슨이 '정교분리'를 말할 때, 본래의 의미는 '정권이 아무리 바뀌어도 교회는 반드시 보호받고, 교회의 예배가 훼손되어서는 안 된다'는 말이었다. 그런데 일제는 이 정교분리를 교묘히 뒤집어서, '신사 참배' 강요를 반대하던 목회자들과 성도들을 박해하기 위해 사용했던 것이다. 그래서 우리들의 뇌리 속에는 신자나 불신자나 정교분리가 원칙처럼 되어버렸다. 그러나 이제 우리 입장은 교회가 자유 민주주의가 훼손되고, '자유'와 '정의'가 없어지고, 불법과 불의로 교회를 교묘하게 박해하거나, 코로나19를 핑계로 기독교를 통제하려고 한다면, 교회는 당연히 정치 세력에 거세게 항거하고 큰소리로 진리를 외쳐야 한다고 본다. 종교 개혁자요, 근대 민주주의 조상 중에 한 분인 요한 칼빈(J. Calvin)은 아래와 같이 말했다.

"목사에게는 두 가지 음성이 있다. 하나는 양들을 잔잔한 시냇물로 인도하는 부드러운 음성이고, 다른 하나는 이리가 와서 양들을 낚아채려할 때, 큰 소리로 고함치며 이리를 쫓아내면서 분노하는 음성이 필요하다."(목회서신 중)

이리가 양을 물어 죽여도 룰루랄라 노래 부르는 목자라면 그는 필시 삯꾼일 것이다.

필자는 오늘날 우리들의 상황과 유사한 19세기에, 과감히 기독교 정치의 모델이 된 화란의 아브라함 카이퍼(Abraham Kuyper, 1837-1920)를 살펴보려고 한다. 카이퍼 박사는 위대한 칼빈주의 신학자요, 대설교가, 대목회자, 대학의 총장과 교수, 대연설가, 대저널리스트, 대정치가였다. 그는 '반혁명당'의 당수이자, 수상(1901-1905)의 자리에 올랐던 분이다. 그의 사상과 핵심은 하나님의 '영역 주권'이었다. "하나님은 교회뿐만 아니라, 삶의 모든 영역의 주인이다"라는 것이다.

당시 카이퍼가 기독교 정치를 할 수밖에 없었던 상황은 이랬다.
19세기 유럽은 혁명과 전쟁의 연속에다, 계몽주의, 합리주의, 자유주의가 창궐하고, 진화론과 사회주의, 공산주의가 일어났다. 이런 사상에 깊이 물든 자들이 국회를 점령하고, 사회 전반에 걸쳐서 '하나님을 없애라!(No God), 주인을 없애라!(No Master)'는 구호가 범람하던 사회주의 체제로 가고 있었다. 이때 카이퍼는 '인본주의'와 '유물주의', '공산주의'가 판을 치는 정치적 상황에 대항하여 '하나님 중심' 곧 '성경 중심'과 '칼빈주의 세계관'으로 정치 일선에 뛰어들었다.

문제는 세계관이었다. 그래서 그는 교회를 자유주의로부터 지켜내어 역사적 개혁교회를 세우고, 진리를 지키려고 한평생 일했었다. 카이퍼의 생각은 거짓 사상이 지배할 때, '논리'는 '논리'로, '시스템'은 '시스템'으로 막아야 한다고 했다. 특히 '인본주의', '사회주의'자들이 만들어 낸 국가의 정책은 막아야 된다는 일념이었다. 그래서 그는 50년간 일간지, '스탠다드지'에 매일 같이 칼럼을 쓰고, 주간지 '헤럴드지'에 논문을 쏟아 내어 잠자는 국민들을 깨웠다. 그리고 불꽃 같은 대중 설교와 연설로 사람을 움직였다. 또한 칼빈주의 세계관을 세우기 위해서 뿌라야 대학을 세우고, 중·고등학교를 세워 교육 개혁을 단행했다.

물론 카이퍼의 정치 모델이 한국에 그대로 적용될 수는 없을 것이다. 또 기독교 정당이 있다 해도 '기독'자를 꼭 붙일 필요도 없고, 굳이 기독교 정당이 집권할 필요도 없다. 그리고 우리는 정치 혐오증에 시달릴 필요도 없다. 기독교는 예수 믿고 영혼 구원 얻는 것이 핵심이다. 그러나 구속받은 성도가 발붙이고 사는 이 세상에 사회주의 세력이 창궐하도록 방치하는 것은 분명한 죄악이다. 국가가 있어야 교회도 있는 것은 맞다. 그런데 국가가 거짓 논리에 함몰되어 자유를 박탈하고, 정의가 없어지고 있다면, 그것에 대해서 당연히 큰 소리로 고함치며 항거하는 기독교 세계관을 가진 국민 저항 정당이 필요하다. 예수 믿어 나만 구원 얻고 복 받으면 되고, 세상이야 죽이 되든 밥이 되든 내 알 바 아니다라는 생각은 바로 비성경적인 잘못된 '이원론적(Dualism)' 사상이다. 교회와 세상에 대한 이원론적 사고가 한국 교회의 질병을 키워 빛과 소금의 노릇을 못하도록 했다.

위대한 성경신학자 헬만 리델 보스(Herman Ridderbos) 박사의 '교회는 하나님 나라를 위해 존재 한다'고 한 말은 옳다.

13.

뚝심과 배짱

역대 대통령에 대한 최근의 평가가 재미있다. '건국 대통령 이승만', '경제 대통령 박정희', 'IMF 대통령 김영삼' 등등…모든 대통령에게는 저마다 공(功)도 있도, 과(過)도 있기 마련이다. 그런데 언론들과 지식인들은 항상 비판적인 시각에서 과(過)에만 집중 조명하여 폄하하고 깎아내리고 있다. 하기는 건국 후 70여 년 동안 '대한민국은 태어나지 말아야 할 나라'라고 비아냥대던 종북 세력들이, 정치, 경제, 사회, 문화, 예술, 특히 언론들을 장악하고 항상 삐딱한 시선으로 비판해 왔었다.

초대 대통령 이승만 박사는 건국 대통령으로 자유 민주주의 국가를 만들어 오늘의 대한민국을 만들었지만, 종북 세력들은 말끝마다 '3·15 부정 선거', '독재'라는 딱지를 부쳐 폄하해왔다. 지금의 우리가 이렇게까지 부강한 나라가 되었지만, 초대 대통령 기념관

하나 없다. 참 아이러니한 것은 좌우합작으로 남북통일을 부르짖던 김구 선생의 기념관은 화려하다. 그는 김일성에게 실컷 이용만 당했음에도 독립운동을 했다는 명목으로 받들어 모시고 있다. 누구 아이디어인지 모르지만 앞으로 나올 10만 원권 화폐에 또 김구를 그려 넣을 것이다.

박정희 경제 대통령은 5000년의 가난의 때를 벗고, 민족중흥의 대업을 이루어 오늘의 부강한 대한민국의 기틀을 만들었지만, 세뇌된 종북 세력들은 지금도 '쿠데타', '독재'라는 타이틀을 붙여 길길이 날뛰고 있다. 나는 그들 모두에게 과(過)가 없다고 말하려는 것이 아니라, 공(功)이 몇 배가 많다고 본다.

그리고 김영삼 대통령은 IMF를 불러온 실패한 대통령으로만 취급하고 있는데, 김영삼 대통령이야말로 자유 민주주의를 정착시킨 문민 대통령으로서 참으로 멋지고 훌륭한 대통령이라 생각한다. 김 대통령은 인간적으로 보면 효자요, 애처가였다. 또 25세에 국회 의원이 되어 9선 의원을 지내면서 나라를 지켰다고 본다. 한마디로 그는 민주주의를 지키기 위해 생명 걸고 투쟁한 멋진 대통령이었다. 그래서 나는 먼저 김영삼 대통령의 '뚝심'과 '결단'을 살펴보고 싶다.

김영삼 대통령은 대한민국의 자존심을 세우고 민족정기를 바로 세우기 위해서 일본 총독부였던 중앙청을 폭파시켰다. 일본 총독

부였던 중앙청, 당시 중앙박물관이던 그 건물을 폭파시키느냐, 보존하느냐를 두고 여론은 둘로 갈리었다. 물론 일본의 식민지 잔재의 대표적 건물을 폭파시킴으로써 민족정기를 회복하겠다는데 동의한 사람이 더 많았다. 그러나 반대로 역사적 건물을 헐어버린다는 것은 옳지 않다는 의견도 만만치 않았다. 그 당시 나는 중앙청 건물을 폭파시키는데 반대쪽에 섰었다. 그래서 나는 당시 경향신문의 '정동 칼럼'에 반대 의견을 말했다. 그 칼럼 제목은 '역사도 헐려는가'라고 하면서 치욕의 역사도 역사이므로, 두고 두고 그 치욕을 기억해야 된다고 썼다. 그런데 당시 김영삼 대통령은 '버르장머리를 고쳐 주겠다'며 그 굳은 의지와 뚝심으로 중앙청 건물을 폭파시켰다. 역사적으로 식민지의 잔재를 다이나마이트로 폭파시킨 것은 아마도 세계적으로 김영삼 대통령이 처음일 것이다. 역사적으로 정치 역정의 고비마다 승부수를 던지고 돌파했던 대로이다. 중앙청을 헐어버리고, 국립중앙박물관을 용산에 거대하게 세계 최고의 박물관을 만들고, 경복궁을 복원하고, 오대 궁궐 복원 운동이 일어나도록 한 것은 그가 아니면 할 수 없었던 '뚝심'과 '배짱'의 산물이었다. 하기야 그는 지독한 경남 사투리로 인해 '경제'라는 말을 못해 '갱제'라 했고, '관광 산업'이라는 말을 '강간 산업'이라고 말해 국민들의 웃음을 자아내기도 했었다.

김영삼 대통령이 잘 한 것 중에 또 하나는 '하나회'를 없애 버린 것이다. 사실 모든 사람이 그것은 위험한 불장난이라고 조언했었다. 그러나 그는 '더러운 동거를 할 수 없다'면서, 하루 아침에 모든 지휘부의 장군들의 옷을 벗기고 하나회를 해체해 버렸다. 사실 당시 하나회는 나는 새도 떨어뜨리는 실로 무서운 조직이었다. 1969년 나는 종군 목사 시절 육사 11기생들과 함께 사역을 했었다. 육사 11기생은 곧 정규 육사 1기생들이었다. 당시 그 조직을 당할 세력이 없었다. 그런데 김영삼 대통령은 뚝심과 배짱으로 그 조직을 속전속결로 와해시켜버렸으니 정말 대단한 결단이었다.

뿐만 아니라 김영삼 대통령은 '금융 실명제'를 속전속결로 처리해서 지하 금융거래를 차단하고, 제대로 된 금융거래, 밝고 투명한 사회가 되도록 만들었다. 하지만 임기를 얼마 두지 않고 국제 금융시장의 요동으로, IMF 체제가 되면서 수많은 기업과 상공인들이 이른바 도산을 당하고, 하루아침에 알거지가 된 사람이 많았다. 그래서 김영삼 하면 'IMF 대통령', '실패한 대통령'이라는 인식이 박혀 있다.

나는 김영삼 대통령을 두 번 가까이서 뵌 적이 있다. 그가 당총재 시절에 나는 새벽에 상도동 자택을 방문해서 '아브라함 카이퍼 전시회' 자료를 펴놓고, 앞으로 대통령이 되면 카이퍼 같은 '기독교 정치의 세계관'으로 정치를 하라고 조언했다. 그러나 그는 내 말귀를 전혀 못 알아 듣는 것 같았다. 그래서 미역국과 계란 하나를 먹고 나왔다. 그 후 IMF 이후로 청와대에 인적이 끊기고 외로울 때, 우리 몇 사람이 청와대를 방문했고 그를 위로했었다. 그는 말끝에 나에게 '제가 금융 실명제는 잘했지요'라고 했다. 그는 그것 하나만이라도 알아 달라는 뜻이었다. 그래서 나는 고독하고 낙심한 그를 위해 간절히 기도해 드렸다.

오늘날 '뚝심'과 '배짱'이 있는 민주주의 투사 김영삼 같은 대통령이 보이지 않아 참으로 아쉽다. 그의 명언인 '닭의 모가지를 비틀어도 새벽은 온다'가 떠오른다.

14. ──────────────────────────────

디지털 장애자

나는 현대인들이 오늘을 살아가는데 가장 필요한 세 가지를 못한다. 우선 컴퓨터를 잘 못한다. 그리고 은행 업무를 못하고, 운전도 못한다. 그러니 나는 완전히 구시대 아날로그 사람이다. 나는 지금도 컴퓨터 앞에 앉아 있다. 하지만 컴퓨터도 독수리 타법으로 겨우 이메일을 하고, 필요한 것을 검색해보는 정도이다. 그리고 그것으로 끝이다. 글을 써보려고 컴퓨터 자판기를 보면 아무것도 생각이 나지 않고, 머릿속이 새하얗게 된다. 그런데 종이에다 볼펜을 들고 앉으면 아이디어가 떠오르고 글이 술술 써진다. 그러니 나는 우리 시대를 살아가는데 순발력도 떨어지고, 정보도 느리고 시대에 뒤떨어진다는 느낌을 받는다. 나는 스스로 아날로그 사람이니, 완전히 디지털 장애자로 생각한다.

굳이 변명을 하자면 나는 1980년부터 기관장을 했었다. 그러니 옆에는 꼭 비서와 운전기사가 있었다. 물론 나는 2종 보통 운전면허도 있다. 그러나 나는 컴퓨터를 할 일도, 운전을 한 일도, 은행 업무를 할 일도 없었다. 이런 생활이 수십 년 되다 보니 나는 아무 것도 할 수 없는 사람이 되고 말았다. 여러 해 전에 내일을 도와주는 비서에게 컴퓨터를 좀 가르쳐 달라고 했더니, 그의 대답은 이랬다. "총장님이 그런 것까지 다해 버리면, 우린 뭐 먹고 삽니까?"라고 해서, 더 이상 그 일에 말을 못 붙여봤다. 주변에 지인들이 와서 컴퓨터를 잘 배우면 지금보다 더 크게 일할 수 있다고 권면했지만, 그것도 쉽지 않았고, 컴퓨터를 잘 못 건드리면 고장이 날 것 같고, 뒤죽박죽이 될 것 같아 그냥 하던 대로 항상 왕초보 자리에 머물고 있다. 또한 운전 초보 시절에 내가 몰던 자동차가 동네 약국으로 돌진해서 진열장을 박살 낸 일도 있었다. 그 후 겁이 나서 고속도로는 아예 주행을 한 적이 없다. 이렇게 나는 우리 시대에 어울리지 않게 아날로그 방식을 고집하면서 지금도 이 글을 쓰고 있다. 종이에 긁적거린 글을 도우미가 컴퓨터에 입력한 것을 가지고, 카톡을 보내고, 책을 내기도 한다. 어찌 보면 참으로 미련하고 바보 같은 아날로그 방식이지만, 그래도 나는 일 년에 크든 작든 책 한 권은 꼭 내는 편이다.

오늘날의 사람들은 문명의 이기가 너무 좋기에 아예 생각이 없어졌다. 모두가 간단한 토막 지식은 컴퓨터에서 얻고, 편리한 정보를 뽑아서 적절히 대처하는데 선수들이 되었다. 하지만 내가 보기에는 디지털에 빠져 있는 지금 시대 사람들이 반드시 효과적이고, 생산적인 일을 한다고 말할 수 없을 듯하다. 물론 스마트 폰 사용을 통해서 온갖 편리한 일을 하는 것은 맞다. 스마트 폰은 손안에 있는 컴퓨터라고 하지 않는가? 그럼에도 나는 컴퓨터, 스마트 폰, 운전, 은행 업무를 겁이 나서 잘못한다. 그러나 내가 유일하게 겁이 없는 분야가 있다. 그것은 대중들에게 복음을 전하는 설교이다. 나는 수천 명, 수만 명의 사람들 앞에서 예수 그리스도의 십자가의 죽으심과 육체적 부활과 칼빈주의적 신앙의 확신을 선포할 때는, 어디서 그런 힘이 생겨나는지, 큰 소리로 고함치고 증거하기를 어언 반세기가 넘었다.

나는 생각한다. 비록 내가 오늘의 시대에 뒤떨어진 디지털 장애인에다 운전도 못하고, 은행 업무도 잘못하지만, 내게 맡겨진 사명이 있었기에 잘 버티고 여기까지 온 것을 감사할 뿐이다. 최근 오스카상을 탄 배우 윤여정 씨의 인터뷰 중에, '오래 잘 버티니 되더라!'는 말이 인상적이었다. 그러므로 70-80이라는 나이로 주눅 들어 현대 문명에 소외감을 가질 필요도 없고, 전에 하던 데로 나이든 사람은 나이든 데로, 사명을 감당하고 버텨주는 것도 소중한 일이라고 본다.

현대는 하루가 다르게 세상이 변하고 있다. IT강국 한국에서 자칫 한 순간을 방심하면 전혀 따라갈 수 없는 때가 올 수도 있다. 그러나 그렇다고 해서 오늘의 이른바 2030, 4050 세대들이 시대를 앞질러 가는 듯하지만, 성경에는 '해 아래는 새 것이 없다'는 말씀이 있다. 시니어 세대들은 디지털 시대에 약간 불편한 것은 맞지만, 과거의 숱한 경험에서 축적된 모든 것을 다 가지고 있는 사람들이다.

잘은 모르지만, 요즘 한국에도 디지털 범죄도 많다고 들었다. 해커가 들어와서 남의 정보도 빼가고, 은행의 돈도 털어가고, 디지털 기술로 못된 정치도 한다고 들었다. 정치가들은 디지털 기술로 여론 몰이도 하고, 여론 조작도 하고, 심지어 중국 사람들이 이 땅에 대거 들어와서 IT 수법으로 부정 선거를 했다고 한다. 아무리 당국에 신고를 해도 판검사들이 짜고 심의를 하지 않으면 그만이다. 더구나 지금은 '국가 지상주의' 사상으로 정부가 마음만 먹으면 무엇이든지 할 수 있는데, 그것도 현대의 디지털로 가능하다고 들었다.

나의 스승이요, 멘토였던 하비 칸 박사(Dr. H. Conn)의 "영원한 말씀과 변하는 세상(Eternal word and Changing World)"라는 책 제목이 생각난다. 세상은 우리가 상상할 수 없으리만큼 빠르게 변하지만, 우리는 영원히 변치 않는 진리인 '하나님의 말씀'에서 평화를 얻고, 희망과 확신을 갖는다.

15.

대통령 후보의 꿈

여야 할 것 없이 대통령 후보들이 참 많다. 모두가 훌륭한 사람들인 것은 들어서 알고 있다. 하지만 그들이 왜 대통령이 하고 싶은지? 대통령이 되면 자유 대한민국을 세우기 위한 꿈이 무엇인지? 우리에게 감동을 주는 자는 없다. 또한 나는 대통령 후보들을 통해 '장차 대통령이 되면 무엇을 할 것인지'에 대해서는 들어본 적이 없고 기억에 남는 것도 없다. 말하자면 자신이 인격적으로 우리나라의 대표자라고 할 수 있을는지, 또는 그들이 과거 자유 대한민국을 위해서 어떤 헌신적인 일을 했는지 알 길이 없다. 즉 국정철학이 있는지 아무도 딱 부러지게 말한 것을 들어 본적도 없다. 그저 주변 참모들이 개발한 정책을 생각 없이 말하는 듯하다.

나는 그중에서 딱 한 가지 기억나는 것이 있는데, 자기가 '대통령이 되면 국회 의원 수를 100명 줄이겠다'고 했다. 그것은 듣던 중 반가운 소리가 아닐 수 없다. 국회 의원은 영어로 Lawmaker 즉 '법을 만드는 자'란 뜻이다. 이 사람들이 모여 국민을 위해 좋은 법을 만들 수도 있지만, 헛된 꿈을 꾸는 집권자의 뜻을 따라 또는 비뚤어진 당의 노선에 따라 악법을 만들기도 한다. 국회 의원은 대단한 권력을 가진 헌법 기관이다. 그런데 이런 국회 의원을 20년이나 넘게 하는 사람들도 있다. 국회 의원 봉급의 연봉은 1억 5천이 넘는다고 한다. 그리고 10여 명이나 되는 보좌진을 거느리며 거기에 드는 비용을 합하면 천문학적인 숫자다. 거기다 공개적으로 수억 원의 정치 헌금을 받고 각종 특혜들도 엄청 많다고 들었다. 그러니 모두가 국회 의원이 되려고 눈에 불을 켜고 생사를 건다.

물론 우리나라에는 훌륭한 국회 의원들도 많이 있다. 하지만 어리숙한 국민들을 속이고 기만하면서 꼭 감옥에 가야 할 사람이 버젓이 금뺏지를 달고 세금을 낭비하는 자들도 많다고 본다. 그래서인지 공기업의 간부들을 '철 밥통'이라 하고, 국회 의원은 '금 밥통'이라는 말도 있다. 그리고 어떤 국회 의원은 현재 구속되어 감방에 있으면서, 꼬박꼬박 세비를 받아먹는데 이를 제지할 법이 없다는 것이다. 만약 국회 의원들의 숫자를 대폭 줄인다면 당연히 시의원이나, 도의원 숫자도 대폭 줄여야 한다고 본다. 시의원과 도의원 중에도 훌륭한 사람이 많이 있지만, 이들 대부분이 국회 의원으로 진출하기 위해서 정치 경력을 쌓기 위한 과정으로 보기도 한다. 나는 어느 날 택시를 탔다. 택시 기사와 이런 저런 이야기를 나누다가 시의원, 도의원에 대한 문제가 나왔다. 그 택시 기사의 말이 기억에 오래 남는다.

"선생님! 요즘 시의원, 도의원 하는 자들 중에는 '백수' '건달' '놈팽이' '무직자' '사기꾼'들이 거의 대부분입니다"라고 했다. 그 운전기사의 과격한 말이 사실인지는 알 길이 없지만, 적어도 시중의 돌아가는 정보를 가장 많이 알고 있는 운전기사의 말이 마음에서 지워지지 않고 있다.

사실 정치란, 나라를 적으로부터 안전하게 지키고, 모든 사람들이 자기의 직분에 따라서 대우받고 존경받으며, 일한 만큼 돈을 벌고, 자유롭게 신앙생활을 할 수 있는 나라를 만드는 것이 아닐까? 그런데 대통령에 출마하려는 후보들 중에는 하나같이 이른바 '꾼'들이 많이 있다. 이런 '꾼'들은 종북 세력들이 뒷받침하고, 그들의 지원이 곧 표가 되고 여론 몰이를 하는 듯하다. 그중에는 매끄러운 말과 앞뒤가 맞지 않는 감언이설로 대중을 속이는 범법자들도 있다. 그런데 이들은 믿는 구석이 있어서인지 자신 만만하다. 하기는 지금의 대통령도 취임 초기부터 '공산주의자'라는 말을 들었지만, 임기가 거의 끝나가도 가타부타 대답이 없다. 그는 말끝마다 간첩을 존경하고, 과거 공산주의자들을 영웅으로 만들면서도, 히죽히죽 웃으면서 애매모호하게 스리슬쩍 넘어간다. 왜냐하면 그는 믿는 구석이 확실하기 때문이다. 우선 사법부가 방패막이가 되고, 입법부가 지원 사격을 한다. 그리고 언론이 여론몰이를 해주고, '민노총'과 '전교조'가 든든한 우군이요, 수많은 종북 단체가 밥값을 제대로 해준다. 그러니 그는 할 일도 없이 북쪽을 예찬한다.

오직 이 땅에는 광화문 세력만이 대통령 퇴진과 문제 제기를 하지만 그는 여전히 요지부동이다.

그런데 다음 정권에 나서는 대통령 후보도 현 대통령의 사상과 크게 다르지 않다. 참으로 섬뜩한 생각이 든다. 물론 대통령 후보들 중에는 진실한 사람도 있다. 하지만 어떤 후보들의 조직에는 이미 간첩, 종북주의자들이 활동하고 있다고 들었다. 가마 탄 사람은 가마꾼이 가는대로 가는 것이다. 지금의 대통령도 가마를 만든 가마꾼이 가는대로 타고 가면서 싱글벙글 웃으며 연출을 하고 있다.

지난 반세기 동안 이 나라는 각계각층이 사상적으로 붉게 물들었고, 단단히 조직화 되었다. 하지만 교회는 '정치와 종교는 분리다'라는 프레임에 갇혀서, 나라가 공산주의자들이 우글거리게 방치하면서도 교회는 '영적'인 일을 한다면서 목사들은 오히려 이 세상에서 잘 먹고 잘 사는 '행복론'을 가르치고 있었다. 그러니 교회와 지도자들의 죄가 적지 않다. 또다시 대통령을 잘못 뽑으면 자유 대한민국의 미래는 없다.

'아~ 아! 대한민국' 주여! 이 나라를 지켜 주소서!

16.

꼰대와 광대

요즘 T.V 드라마와 학생들 사이에 '꼰대'라는 말이 자주 등장한다. 꼰대란 늙은이를 빗대는 말이기는 하지만, 교사들이나 선배들에게도 곧잘 사용된다고 한다. 아이들과 젊은이들은 자기를 가르치려 하는 사람이나, 충고를 하거나 과거를 들먹이는 사람들을 그냥 꼰대로 부른다. 그래서 '요즘 젊은이들' 또는 '요즘 후배들'이란 말을 하면 영락없이 꼰대 소리를 듣게 된다.

가정의 달을 맞아 어린이 날도, 부모의 날도 있고, 스승의 날도 있다. 요즘 한국은 그렇지 않아도 어른이 없어지고, 어른 노릇하기도 힘든 세상이 되었다. 나이든 사람이 젊은이들의 잘못을 꾸짖었다가는 폭행을 당하기도 한다. 그리고 곧바로 그런 사람은 꼰대로 취급 당하고 있다. 하기야 오늘날은 전교조의 활동으로 선생이 학생들을 체벌할 수도 없고, 인권(人權)이니 자율(自律)을 들먹이면서, 학생들은 선생님을 꼰대로 취급하고 있다. 그래서 어른들은 말하기도 힘들고, 어떤 문제에 대해서 구태여 간여할 필요도 없거니와, 장황하게 훈육식으로 말했다가는 모욕을 당하는 수가 있다.

"KKondae" 즉, 어른 비하와 스승을 비하하는 꼰대란 말은 영어 사전에 올라갈 정도가 되었다. 참으로 서글픈 일이 아닐 수 없다. 이것 말고도 노인 경시 사상이 한국에 만연하다. 흔히 우리나라에는 말을 해도 '늙으면 죽어야 한다'느니, '뒷방 늙은이', 그리고 '늙은이가 뭐를 알아!' 등등, 경로 사상이 엉망진창이 되었다. 그렇지 않아도 100세 시대에, 은퇴 후에 육체적으로, 경제적으로 노인으로 사는 것은 힘겹고, 어려운 때에 꼰대 소리까지 듣게 되는 것이 서럽다. 그런데 목사의 설교와 목회에 대해서도 요즘 보수적이고, 복음 선포적 설교는 권위주의적이고 꼰대적 설교라고 비판한다. 말씀의 진리를 가지고 죄를 책망하거나, 목사로서 권위를 세우면 사람들은 듣기 싫어한다. 요즘은 긍정적 사고방식을 설교하거나, 축복을 선포해야 '아멘'으로 화답하고 무탈한 시대이다. 최근에는 또한 꼰대라는 말의 반대는 광대 목회도 있다고 들었다. 광대 목회의 특징은 자유로움, 무형식으로, 무당 굿하듯 춤추고 설교하는 스타일이다. 목회에 성공한 목사들 중에는 미국의 번영 신학에 물들어 있다. 예컨대, 로버트 슐러(Robert Schuller)는 긍정적 사고방식을 강조하고, 설교 중에 토크쇼(talk show)를 해서 청중들과 교인들의 심리를 교묘히 이용했다. 미국의 새들백 밸리 커뮤니티 교회 릭 워렌(Rick Warren)은, '목적이 이끄는 삶'이란 심리 요법을 사용해서 교회를 부흥시켰고 그의 책은 100만부 이상이 팔렸다. 이 책이 한국 교회에 큰 영향을 끼쳤다. 그의 반성경적 사상을 한국 교회는 어찌 그리 환호하는지? 그는 높은 지위의 프리메이슨인 것도 잘 알려진 사실이다.

오래전에 복음적 대설교가 로이드 존스(D. Martin Lloyd-Jones, 1898-1981) 목사는 웨스트민스터 신학교에서 특강을 하면서 설교자(Preacher)와 강단꾼(Pulpiteer)을 구별했다. 설교자란, 하나님의 말씀인 성경을 가감 없이 해석해서 선포하는 자이다. 하지만 미국에서 강단꾼이란, 그가 가진 달란트를 총동원해서 청중을 자기 마음 먹은 데로 들었다 놓았다 한다. 강단꾼은 코메디와 죠크와 웃음을 유도하고, 심리적 방법으로 청중들을 웃기고, 울리고, 환호를 유도한다. 강단꾼은 청중으로부터 영웅으로 환영받고, 하나님의 말씀을 선포하기보다는 철저히 설교자 자신이 목적하고 원하는 데로 청중을 즐겁게 이끌어 간다. 강단꾼은 특수한 달란트를 가진 자들이다. 1960년대 필자가 총신의 학생 시절, 나의 스승인 차남진 박사는 "목사는 신령한 배우"라고 했다. 물론 이 말은 설교자는 온전히 성령의 이끌림을 받아야 된다는 뜻이었다. 오늘날 탤런트들은 문화 시대의 권력자이다. 강단꾼은 말하자면 바로 광대이다. 광대는 자기를 위장하거나 권위를 세우는 것이 아니라, 철저히 자기 개방을 함으로 청중의 편에 서고, 청중의 환심을 사서 즐겁게 만든다. 광대는 자신을 한껏 낮춤으로 청중들을 위로, 격려, 칭찬하면서 인기를 독점한다. 현대인은 참 편하고 즐겁게 신앙생활하는 것을 좋아한다.

나는 미국의 부흥하는 대형 교회를 몇 곳 가본 일이 있다. 그곳에 가보니 마치 미식 축구장에 온듯한 착각을 했다. 특히 수만 명의 청중들이 모여 이른바 예배 축제를 즐기고 있었다. 즉, 예배를 축제로 만들어 기쁨이 넘치도록 하는 것을 보았다. 내가 본 그대로의 그 지도자는 영성(靈性)이 있는 것이 아니라, 감성(感性)만이 있을 뿐이었다. 오늘날의 교회 지도자들은 감성과 영성을 구별 못한다. 뿐만 아니라 감성을 영성으로 착각하고 있다. 영성은 위로부터 오는 것이라면, 감성은 인간 자신에게서 나온 것이다. 하기야 지금은 감성의 시대요, 문화의 시대인 것은 맞다. 그래서 오늘날은 맑스주의 신봉자나 사회주의 신봉자들은, '문화 맑스주의'라는 카드를 꺼내어 대중들이 그들의 목적에 따르도록 프레임을 만든다. 즉, 문화라는 콘텐츠(Contents)를 통해서 공산주의 이데올로기를 실현해가기도 한다.

설교란 말은 본래 헬라어 호밀리아(homilia)에서 나왔다. 호밀리아의 본뜻은 '하나님과 그의 백성을 서로 만나게 해준다'라는 뜻이다. 그러므로 설교자는 하나님의 말씀을 통해서, 하나님과 그의 택한 백성들을 만나게 해주는 중개 역할을 할 뿐이다. 사도 바울도 말하기를 "내가 너희를 그리스도에게 중매함이로다"라고 했다. 즉 설교자는 살아있는 하나님의 말씀을 죄인들에게 가감 없이 선포하는 것이다. 그런 개념이 교회사적으로 보면 정통 개혁주의 신학자들인 크리소스톰, 칼빈, 카이퍼의 입장이다. 또한 지금 미국의 위대한 대설교가들 존 파이퍼(John Piper), 찰스 스윈돌(Charles Swindoll), 팀 켈러(Tim Keller) 같은 불같은 메시지는 모두 전통적인 선포적인 설교(preaching as proclamation)로 대교회를 이끌어가고 있다.

한국 교회 목회에 대해 어떤 이는 "꼰대 목회는 이 시대에 적절하지 않고, 광대 목회를 해야 한다"고 말한다. 그런데 광대 목회도 아무나 하는 것도 아니고, 타고난 능력과 달란트가 있어야 한다. 중요한 것은 이 시대에 개혁주의자들은 권위주의적 꼰대 목회가 되어서도 안 되지만, 감성 중심의 인위적인 광대 설교자가 되어서도 안 될 것이다.

17.

김일성의 회고록

　회고록이란 우리가 살아온 내용을 글로 남기는 것이다. 회고록은 자서전이라고도 한다. 회고록은 주로 대통령을 지냈거나, 성공한 기업인들이 많이 출판했다. 그런데 어떤 회고록은 그 내용 때문에 후일 송사에 시달리기도 했다. 또 어떤 회고록은 대박을 쳐서 엄청난 돈을 벌기도 하였다. 미국의 어느 대통령의 회고록은 약 400만 불의 떼돈을 받았다고 한다.

　나이 늙으면 누구나 자기가 걸어온 것을 기록으로 남기고 싶어 한다. 그런데 회고록이란 것이 자기가 직접 쓰는 것은 흔치 않다. 정치인, 경제인 등 유명 인사들은 녹음이나 구술, 인터뷰한 것을 회고록 전문 작가들이 그럴싸하게 만들어 주는 것이 대부분이다. 나 같은 사람은 미련하게도 벌써 15년 전에 회고록『은총의 포로』란 제목으로 책을 내었다. 종이에다 펜으로 긁적인 것이 500여 페이지나 되었다. 그러나 지금 생각하면 이제는 수정 증보판을 내어야 할 판이다. 회고록이란 당대의 역사적 기록으로 소중한 것은 맞지만, 매우 주관적이고 자기중심적인 데다 미화하거나 자랑일 때도 있다. 그래도 그런 것은 비하인드 스토리로서 역사 연구에 참고가 되는 것은 사실이다.

최근에 『김일성 회고록, 세기와 더불어』란 책 전집 8권이 출판되어서 벌써 100질이 팔렸다고 한다. 김일성은 6.25 한국 전쟁을 일으킨 전범이다. 김일성은 가짜다. 김일성은 공산주의 나라를 건설한 자다. 그런데 그가 항일 운동을 했던 김일성의 이름을 도용했던 것이다. 이 방면에 정통한 기자들의 말을 빌리면, 그의 회고록은 철저하게 김일성 왕조를 만들어 3대에 걸쳐서 인민을 억압하고, 통제하기 위해서 만든 거짓된 기록이다. 이른바 종북주의 거짓 기록물이 대한민국 땅에서 인쇄되어 교보문고에서 팔고 있다니 기가 막힐 뿐이다. 북한 공산당이 선전 선동에 능한 것은 다 알지만, '김일성 전집, 세기와 더불어'란 회고록이 겁 없이 서울 한복판에 출판되고 팔리는 것은 결국 종북 정부와 짜고 하는 것이 아니면 할 수 없을 것이다.

당연히 자유 우파 쪽에서는 김일성 회고록 출판의 이적성을 지적하고 판매 중단을 하고 법적으로 대응했다. 그래서 판매는 중단되었다고는 하나, 벌써 한국의 중요 대학과 연구소, 그리고 관심자들이 다 구입해버린 후였다. 지난 4년 동안 대통령과 정부 관리들,

국회와 법조, 언론들이 좌클릭한 것은 세상이 다 알지만, 이번 일도 이 정부와 지도자들의 민낯이 들어난 셈이다. 하기는 전에도 김일성 회고록이 출판되어 법적으로 이적 출판으로 지목되었는데, 정권 말기에 다시 이 짓거리를 했고, 당국에 고발조치 되었다고 한다.

하지만 이런 종북 행위가 당국에 고발되어 봤자 소용없다. 검찰은 소송도 안하고 차일피일 서류를 깔아뭉개면 그만이다. 그 대표적인 사례가 울산시장 선거의 청와대 공작 사건이다. 일 년 동안 덮어 두었다. 그런데 더욱 한심한 것은 야당 '국민의 힘'의 중진의원 H모 국회 의원이 김일성 회고록의 출판을 적극 찬성하고 나섰다고 한다. 그분은 북한에 대한 정통한 지식을 갖고 있는 것도 맞고, 그 방면의 책도 쓴 걸로 알고 있는데, 그래도 야당 국회 의원이 자기의 진보적 색깔을 나타내려고, 김일성의 회고록 출판을 찬양하고 나서다니 여당도, 야당도 결국은 믿을 수 없는 것 같다. 그는 어느 시대인데 김일성 회고록쯤은 문제가 없다고 주장하나, 결과적으로는 오늘의 종북 분위기에 불을 지른 꼴이 되었다. 그의 주장을 보면 공산주의와 대화하면 평화의 화해 모드를 만드는데 일조할 수 있기에 야당도 함께 한다는 것이다. 그런데 야당에서는 왜 그자의 말에 문제 제기가 없는지 모르겠다.

최근에 한국 교회의 원로 목사님들의 발언도 우리의 비위를 건드리고 있다. 우선 한국에서 존경받는 K 목사님은 "불교의 템플스테이가 참으로 훌륭하다"는 말을 했다고 들었다. 그런데 불교의 템플스테이는 정부의 막대한 자금 지원을 받아 외국 관광객을 유치해서 실효를 거두었다고 한다. 심지어 어느 신학교에는 졸업 전에 타종교의 체험 차원에서 템플스테이를 체험을 해야 한다고 한단다. 참으로 괴기한 세상이 되었다. 기도원에 가야 할 사람이 사찰에 가서 참선도 하고, 스님의 설법도 듣는 것을 공식 프로그램에 넣다니 한국 교회의 앞날이 보이지 않는다. 이번에 템플스테이를 예찬하는 목사님은 모든 사람이 존경하는 분인데 참으로 안타깝다.

결국은 모든 종교는 똑같다는 종교 다원주의(Religous pluralism) 사상이 입력된 모양이다. 그리고 또 한 분의 한국 교회에서 존경받는 원로 목사님은 철저히 공산주의 사상에 의식화된 종북주의자 이인영을 높이고, 그를 가르쳐서 기독교 사회주의를 전적으로 동의한다고 했다. 또한 평양을 자주 들락거리던 목사들이 할 말을 못하고, 허튼 소리를 하고 있는 것은 말할 것도 없고, 김일성 우상 운동에 동조자가 생기고 있으니 참으로 한국 교회의 앞날이 이만저만 걱정이 아니다.

『김일성 회고록, 세기와 더불어』는 흡사 오늘 여당 이름과 꼭 닮았다. 아마도 그 당의 이름도 김일성 사상 종북 사상에서 나왔으리라 짐작한다. 종북 정치권도 문제지만 거짓의 아이콘, 김일성을 닮지 못해서 애타 하는 오늘의 한국 교회 원로들, 눈 막고, 귀 막고, 입 닫고, 자유니 평화니 화해니 하면서, 종북 세력에 아첨하는 원로들과 한국 교회 지도자들이 더 큰 걱정이다. 회개해야 한다.

18.

길거리 예배

 구약 성경을 보면, 야곱은 벧엘 광야에서 생전 처음 하나님과 '대면 예배'를 드렸다. 그는 자신의 욕망을 채우기 위해서 부모도 속이고 형도 속였다. 그래서 밧단 아람으로 도피 중에 벧엘 광야에서 돌 하나 배고 노숙하는 신세가 되었다. 그런데 그날 밤 야곱이 그토록 처절한 절망과 고독 속에 있을 때 하나님이 그를 찾아오셨다. 그래서 그는 부모에게서 이야기로만 들었던 하나님이 아니라, 그에게 개인적으로 찾아오신 인격적인 하나님을 만난 것이다. 그러므로 야곱에게는 벧엘 광야의 돌 배게 하던 그 장소가 주의 전이고 교회였다. 그는 광야 교회에서 하나님께 예배를 드린 것이다.

 교회의 개혁자 요한 칼빈은 불란서가 낳은 위대한 인물이지만, 오히려 조국 불란서에서는 반정부, 반체제 인사로 몰려 검거령이 내려 쫓기는 신세가 되었다. 그때 그는 자신을 지지하는 자들과 함께 피신하는 중에 어느 토굴에 들어가 예배하고 성만찬을 행했다는 기록이 있다.

스코틀랜드에서는 찰스 1세(Charles Ⅰ)가 등극하여 칙령을 내리기를, "짐은 국가에도 머리이고, 교회에서도 머리이다"라고 하자 1638년 2월 28일 알렉산더 헨더슨(Alexander Henderson) 목사의 지도하에 에딘버러에 있는 그레이프라이어스 교회당 앞뜰에 언약도들이 모여, 당당하게 순교를 각오하고 신앙 고백을 문서로 작성하고 서명을 했었다. 국왕은 국가의 머리인 것은 맞지만, 교회의 머리는 오직 주 예수 그리스도밖에 없음을 명쾌히 증거 했다. 그리고 그곳에 함께 했던 1,200명의 언약도들은 지붕 없는 감옥에 갇혀 얼어 죽거나, 굶어서 모두 순교했다. 그들 모두는 참된 예배, 진리의 예배 사수를 위해 순교의 잔을 마셨다. 그 후에도 여전히 언약도들에 대한 박해와 감시가 심해지자, 그들은 빈들로 나가서 예배를 드리고 성만찬을 했었다. 이처럼 언약도들은 풍천 노숙하면서도 성경의 진리와 예배를 지키기 위한 노력은 계속되었다.

나는 몇 해 전에 터키를 방문하게 되었는데, 초대 교회 성도들이 로마의 박해를 피해 갑바도기아 괴레메에서 바위에 굴을 파서 예배하고, 천연 지하 동굴을 이용해서 당국의 눈을 피해서 예배 드리던 곳을 살펴보았다. 더 거슬러 올라가면 옛날 로마에는 신앙의 박해를 피해서 성도들은 지하 공동묘지 곧 카타콤에 들어가서 예배를 드렸다. 카타콤은 습하고 빛이 없어, 송장 썩는 냄새가 진동하는 곳이어서 살아있는 사람이 머물 곳이 아니지만, 믿음을 지키려는 성도들에게는 하나님께 예배드리고, 하나님께 영광을 돌리는 곳이기에 장소가 문제시 되지 않았다. 또한 로마의 점령지에는 원형 노천극장이 여럿 있었다. 특히 로마의 원형 극장은 기독교인들을 사자의 밥이 되도록 하면서 즐기던 곳으로 유명하다. 그러나 로마의 기독교에 대한 박해가 심해질수록 복음은 더 크게 확장되었다.

나는 터키에서 로마식 반원형 노천극장에 들어섰다. 안내자의 말이 "그 당시는 스피커가 없어도 전체가 들을 수 있었다"고 했다. 그래서 나는 청중 쪽을 향해 "주 하나님 지으신 모든 세계..."라는 찬송을 큰 소리로 불렀다. 과연 내 찬양의 목소리 울림이 쩌렁쩌렁 울렸다. 거기서 기독교들을 박해하기 위한 온갖 만행이 있었다고 들었다.

전 세계가 코로나19로 말미암아 커다란 위기에 봉착해 있다. 특히 정부는 코로나19의 확산을 막기 위해 애쓰고 있는 것은 맞다. 하지만 코로나19의 확산이 마치 교회가 잘못해서 된 것처럼 프레임을 만들고, 전국에 있는 모든 교회들의 예배를 통제하고 있을 뿐만 아니라, 대면 예배를 철저히 금지하고 몇 %만 참석하라고 겁박하고 있다. 하나님께 드리는 거룩한 예배를 '방역법'으로 통제하고 있으니, 이는 정치 방역임에 틀림이 없다. 특히 예배를 강행 할 경우에는 '교회'를 '폐쇄'할 수 있다는 조항까지 만들어, 몇몇 교회를 모델로 실행했다. 그래서 교회 폐쇄라는 직격탄을 맞은 교회의 성도들은, 몇 주일째 모두 광화문으로, 종로, 청계천, 또는 시청 앞 등 서울 전역에 흩어져 거리 두기 방역법 수칙을 철저히 지키면서 수천 명이 맨바닥에 앉아 예배를 드리는가 하면, 또 어떤 성도들은 건물 옆에 앉아서 스마트 폰으로 예배를 드리고 있다고 한다. 그런데 거기 동참하고 있는 교인들은 반드시 사랑제일교회 교인만이 아니라, 서울 근교, 경기도, 인천, 대전, 대구, 부산 등 예배에 굶주리고, 말씀에 굶주린 성도들이 모여들고 있단다. 이것이 광화문 교회의 부활이 아닐는지?

신앙은 법으로 금할 수 없고, 신앙은 총·칼로도 어찌할 수 없다. 신앙은 정치가 간여하는 것도 아니고, 신앙은 어떤 규범으로도 통제할 수도 없다. 물론 정치하는 분들의 생각은 교회가 걸림돌이 될 수 있고, 방역당국의 생각도 교회가 방역에 비협조적으로 보이는 모양이다. 하지만 코로나 시국에 교회를 폐쇄하는 것은, '반헌법적'이고, '비헌법적'이라는 것이 백일천하에 드러났는데도, 교회를 강제로 폐쇄하는 것은 중국 공산당에게서 배웠는지? 김일성, 김정일, 김정은의 공산주의에서 방법을 배웠는지 알 수 없다.

나는 지금의 정부에게 묻고 싶다.
최근에 주일마다 광화문과 종로, 청계천 일대와 시청 앞 일대, 그리고 서울 중요 건물 앞에서, 유튜브로 드리는 예배마저 불법으로 다스릴 건가? 지금도 경찰들은 예배자들의 주위를 서성거리고 있다.

무슨 꼬투리를 잡으려고!

19.

'공짜'라는 '마약'

나는 선교와 신학 강의 차 남미 아르헨티나를 세 번 방문했었다. 아르헨티나는 남미의 유럽이다. 20세기 초 만해도 아르헨티나는 경제 선진국이었다. 오늘의 수도 부에노스아이레스는 쭉 뻗은 넓디넓은 대로 하며, 밤 11시가 넘어서 저녁을 먹는 참 풍요로운 나라였다. 런던의 유명 백화점 일호 점을 부에노스아이레스에 낼 정도의 막강한 아르헨티나였다. 그래서 1차 세계 대전 직전의 GDP는 유럽의 강국 프랑스, 독일, 이탈리아보다 많았다고 한다. 하지만 결국 정치가 문제였다. 포퓰리즘(populism)의 대명사인 페론 대통령이 된 후 아르헨티나의 경제는 곤두박질쳤다고 한다. 그자는 유권자들의 표를 얻고 선심을 쓰기 위해서, 이른바 퍼주기 정책을 썼다. 제 돈도 아니고 나랏돈을 가지고 은퇴자 연금을 한꺼번에 올려주고, 정권 연장을 위해 국가 예산의 20% 정도를 생활 보조금이란 명목으로 복지 정책을 썼다. 그리고 대학도 무료로 했단다.

그래서 부채는 점점 늘어나고 복지에 맛을 들인 국민들은 땀 흘려 일하지 않았고, 결국 외환 위기를 맞아 국가 부채(負債)를 줄이려고 하자, 개혁에 반대한 강성 노조가 반대하고 들고 일어났다. 브라질이 근로자 임금이 200-300달러 할 때, 아르헨티나는 700달러였다. 그 후 1,000억 달러의 국가 부도를 선언했다. 그 찬란했던 선진 경제 대국이 독재 대통령 하나 잘못 만나, 정권 연장과 기득권 배 불리기 위해서 무상 복지, 선심, 공짜를 남발하다가 오늘 같은 어려운 나라가 되고 말았다. 이는 흡사 오늘의 대한민국의 대통령과 집권당과 국회를 보는 듯하다.

지금 우리나라의 빚은 1,000조라고 한다. 금년도 예산은 558조라고 한다. 우리 정부는 대기업은 통제하면서도 코로나19 핑계로 어려운 자영업자들을 위해서 지원금을 준다더니, 이제는 범위를 넓혀서 모든 사람들에게 공짜를 남발하려고 하고 있다. 정부는 나라의 빚 따위는 안중에도 없고, '우선 먹기 곶감이 달다'라는 식으로 국민들에게 공짜를 베풀면서 정부의 실책도 만회하고, 정권 창출을 시도하고 있단다. 지자체장들이나, 국회 의원들도 자기 지역구 챙기기 위해서 모두 모두 찬성이다. 나라가 망하든 말든 상관없고, 우선 인기를 만회하고 국민들의 마음을 사기 위해서 '공짜탄'을 쏘아대고 있다. 들리는 말로는 노인들 단기 알바에 3조 1,000억을 쏜단다. 군의 사기 진작을 위해서 병장 봉급 609,000원에 자기 개발비 10만원, 이용실 비용 1만원, 화장품 값 1만원을 줄 예정이라고 한다. 이 모두가 표를 매수하려는 것이 아닐는지? 하기는 이렇게 봉급 올려주고, 화장품 값도 준다는데 반대할 군인도 없고, 아들을 군대 보내 놓고 걱정하는 부모의 마음을 위로하는 것이야말로 참으로 멋진 발상이 아닐 수 없다. 장차 나라가 죽이 되든 밥이 되든 상관없고 어차피 나라 돈이니 펑펑 쓰고 보자는 것이다.

그러나 이런 식으로 하다가 망한 나라는, 유럽 문명의 발상지이고 올림픽의 탄생 국인 그리스도 비슷하다. 그들은 공무원을 늘려서 실업자를 해결했다. 공무원은 퇴직 후에도 95% 연금을 주었고, 대학은 무상 교육이었다. 그래서 나라가 망했다. 지도자들이 공짜와 선심 정치도 복지라는 이름으로 나라를 통치하다가, 최근에는 중국에 항구도 팔아먹고, 아름다운 섬도 팔아먹었다. 그 나라는 요즘은 EU와 IMF 구제 금융으로 겨우 연명을 하고 있다. '신내림 공무원'은 모두 정부 지지자들이고, 공짜 돈을 받은 자들은 이미 돈 주는 자에게 코가 꿰게 되어 있다.

오늘의 한국을 생각해본다. 복지는 좋은 것이다. 평등도 좋은 것이다. 그리고 이 땅에 절대 빈곤은 없어져야 한다. 하지만 코로나19를 핑계로 1인당 몇십만 원씩 나누어 준다는 포퓰리즘은 마치 마약 주사를 맞은 것과 같다. 그래서 여기에 길들여진 국민들은 정부를 쳐다보도록 하고, 국민들은 지도자가 어떻게 해주기를 기다리고, 힘들면 더 큰 것을 요구한다. 사실 영국도 요람에서 무덤까지 복지 정책을 쓰다가 영국병에 단단히 걸려 헤어 나올 수 없자, 여걸 철의 여인 대처 수상이 생명 걸고 강성 노조와 대결해서 기어이 영국병을 고쳤다. 다음번 대통령이 누가 될지 모르지만, "민노총을 해산하겠습니다!" "전교조를 없애겠습니다!"라고 외치는 자에게 표를 몰아주었으면 한다. 한국은 지금 중병에 걸려있다. 얼치기 사회주의 이론을 실험하고, 북한식 공산주의 사상을 실현하려는 자들이 복지라는 명목으로 공짜 돈을 마구 뿌려대고, 지역구를 챙긴다는 뜻에서 암묵적으로 동의하는 국회 의원들이 문제이다.

지금까지 한국 교회만큼 가난한 자와 소외된 자를 돌보는 곳은 세상 어디에서도 없었다. 전국의 그 수많은 무료급식소와 복지 시설 운영은 모두 교회가 해 왔었다. 그런데 지금의 정부는 코로나19를 핑계로 그런 교회를 무참히 짓밟고, 예배를 금지하고, 공짜 돈을 나라 이름으로 준단다. 이것이 북한식 사회주의 연습이 아니고 무엇이랴!

'공짜'는 좋다. 그러나 공짜는 '마약'이다!

20.

'공자 학원'은 '공작 학원'

나는 25년 전에 한국 교회의 위대한 설교자를 연구한 나의 책 『한국 교회 설교사』가 대만의 강금용이란 분이 『忠心管家』라는 제목으로 중국어로 번역하여 중국 본토로 보내었다. 왜냐하면 나는 중국 선교에 남다른 관심이 많았기 때문이다. 하지만 지금은 중국 공산당의 지도자 시진핑이 이른바 '중국몽'을 앞세워 온 세상을 공산화하는데 열을 올리고 있다. 몇 해 전에 중국 공산당은 교회들을 불태우고, 포크레인으로 교회 십자가 탑을 부수고 한국 선교사들을 모두 쫓아냈다.

그런데 지금 한국 대학들은 중국 유학생들로 우글거리고 있다. 한국의 상위 10여 개 대학에는 2,000-4,000명의 중국 유학생들이 있다. 지방 대학들도 살아남기 위해서 총장과 교무위원들이 중국을 돌며 유학생 유치를 하고 있다. 무슨 교육부 방침(?)인지는 모르지만, 중국 학생들은 정원을 초과해서 받을 수 있단다. 중국 학생들을 무조건 많이 받는 것이 남는 장사라는 것이다. 중국 유학생들은 한국말을 잘하는 것도 아니고, 영어를 제대로 구사하는 것도 아닌데, 무슨 기준으로 중국 유학생을 뽑는지 알 수 없는 일이다. 개념 없는 교육부는 대학이 자율적으로 알아서 하라는 것이다. 특히 코로나 상황에서 중국 학생들에게 특혜를 주어서 기숙사를 일인 일 실로 주자, 정작 한국 학생들은 하숙집으로 밀려 나갔다. 하기는 과거 6·25 이후 중국이 한국과는 원수지간이었으나, 국교 정상화 이후 한·중 교역이 넓어지고, 수많은 우리 기업들이 중국에 진출하니, 한국에서 유학한 중국인들이 취직하기에 유리하다는 것이다.

그러나 이들이 한국 교수의 수업을 제대로 듣는 것도 아니고, 대학은 적당히 중국어를 할 줄 아는 교수를 채용해서 중국어 통역으로 수업하고, 또 한국 학생들이 중국어과에 떼거리로 등록해서 수업을 받고 무슨 자격증을 얻는단다. 대학 당국은 한국에 대학생 자원이 부족한 이때, 중국 유학생이 대학 재정에 크게 효자 노릇을 하고 있다는 것이다. 중국 대학과 한국 대학의 교수들이 서로 오가면서 무슨 MOU를 맺고, 자격 미달, 수준 미달의 인물을 키워내고 있다. 그럼에도 대학 총장들과 교수들은 중국 학생들을 많이 끌어오는 것을 유능한 대학 경영자로 평가받고 있다.

이외에도 한국에 중국의 노동자들과 사업가들이 물밀듯이 들어

오고 있다. 중국 자본가들은 정부와 짜고 경기도 일원과 지방의 신개발지를 몽땅 선점해가고 있다. 또 조선족들도 엄청 들어오고 있다. 조선족은 우리 동포가 아니고 중국인이다. 그들은 단지 한국의 피가 흐르고 한국말을 할 줄 아는 중국인일 뿐이다. 이들은 형편에 따라 어느 때는 한국인이라고 말할 때도 있고, 불리하면 중국인이라고 말할 때도 있다. 이들은 떼를 지어 몰려다니면서 자유 대한민국의 물을 흐리고 있다. 최근에 중국인들은 한국에 원정 치료차 몰려오고, 성형 수술을 위해서 한국에 여행 오고 있다. 이 사람들은 한국의 의료보험 제도를 교묘히 이용해서 한국에 정착한 뒤 한 달 보험금 7만 원을 내고, 4억 7,500만원의 치료를 받은 사례도 있었다. 이러고도 보험 숫자를 높이려 하고, 병원들도 돈을 더 벌기 위해서 이를 묵인하고 있다. 물론 관광 산업의 입장에서 보면, 중국인이 가장 큰 손인 것은 맞다. 그동안 문 정부는 반미, 반일, 친중 정책으로 우리 대통령은 시진핑의 '중국몽'을 적극 지원 하고 있다. 그러니 '사드'도 중국 뜻대로 하고, 중국 우환 발 코로나19도 환영해 버렸다.

2004년부터 한국에는 '공자 학원'이 세워지고 있었다. 공자 학원에는 공자를 가르치는 것이 아니다. 공자 학원은 '공작 학원'이라는 것이 드러나고 있다. 공자 학원은 중국의 사회주의, 공산주의 이념을 가르치는 곳이고, 정보 수집 센터이자 여론 조작 센터이다. 그럼에도 불구하고 요즘 공자 학원이 버젓이 22개 대학교와 15개 중·고등학교 안에 들어서고 있다. 그러면서 이들 학교는 중국으로

부터 거액의 자금을 지원받고, 여러 가지 인센티브를 주고 있으니 정부는 나라가 거덜 나도 상관이 없고 정권의 유익만을 따진다. 사실 중국 공산당은 이미 오래전부터 미국을 비롯해서 서방 여러 나라와 아프리카에 공산주의 사상을 퍼뜨리기 위해서 돈과 미인계를 써서 공작해왔었다. 그래서 지난 미국의 대통령 선거에 그들의 부정 선거 공작이 있었고, 그 전모가 곧 드러날 것이라고 한다. 유럽 각국과 일본도 공자 학원의 비리를 알고 철퇴를 내렸는데, 한국은 오히려 중국의 공작에 말려들고 있다. 사실 한국에 온 중국 유학생들은 중국의 지도층 또는 중산층 이상의 자녀들이다. 그러니 그들은 모두 공산당의 당원이라고 봐야 한다. 미국의 예를 보듯, 중국인들은 대학이나 연구소의 국가의 기밀을 빼내거나, 고급 기술을 훔쳐서 중국으로 가져가다가 들통 난 것이 한두 건이 아니란다.

한국도 그렇다. 중국 공산당은 '동북공정'으로 한국을 중국으로 복속시키려는 음흉한 공작이 새로운 '인해전술'로 한국을 점령하려고 한다. 한국은 자본주의 나라니 대학은 돈에 눈이 멀고, 정부도, 기업도 돈에 눈이 멀어 우리의 쓸개까지 빼서 주는 꼴이다. 그래서 정부는 여기저기 몰래몰래 차이나타운을 세우려고 한단다. 이런 중국인의 진출 속에 분명 북한 공산당도 함께 하고 있을 것이다. 속없는 정부가 이런 중국인들을 대거 쉽게 한국으로 귀화시키고, 간단히 우리 여권을 주고 귀화시키고 있다. 이런 자들이 마음만 먹으면 컴퓨터 조작으로 한국의 정치판도 움직인다.

'공자 학원'은 '공작 학원'이다.

21.

해를 품은 달

　45년 전의 일이었다. 독일의 수도 본(Bonn)에 갔을 때, '베토벤 하우스'를 구경했다. 거기에는 베토벤이 직접 사용하던 피아노를 비롯해서, 그가 생전에 가지고 있던 여러 가지 물건들을 박물관에 잘 전시되어 있었다. 그 후 나는 박물관 뒤에 있는 조그마한 정원을 구경했다. 그 작은 정원은 베토벤의 그 유명한 월광곡(Moon Light)의 악상을 얻었다는 장소였다. 베토벤의 월광곡이란 후에 부쳐진 이름이지만 본래는 피아노 소나타 14번이라고 했다고 한다.

　한국 사람은 유독 둥근 달 만월을 좋아한다. 그래서 정월 대보름 달과 추석의 만월을 향해 소원성취를 빌고, 복 받기를 위해서 기도한다. 그러니 한국의 토속 신앙에는 달을 우상시하고 있다. 그리고 작품 속에서나 전해 내려오는 이야기 중에는 달에 대한 이야기가 한 두 가지가 아니다. 우리나라 전래 동요(구전 동요) 가운데도 다음과 같은 내용이 있다.

"달아 달아 밝은 달아, 이태백이 놀던 달아
저기 저기 저달 속에 계수나무 박혔으니
옥도끼로 찍어내어 금도끼로 다듬어서
초가삼간 집을 짓고 양친 부모 모셔다가
천년만년 살고지고 천년만년 살고지고"

이 동요는 유교 사상이 생활화되어 있는 서민 계층의 생활 감정이 잘 나타난 참으로 낭만적인 전래 동요이다. 같은 달을 숭배하는 데도 한국 사람은 만월을 좋아하지만, 이슬람은 초승달을 좋아한다. 이슬람 국가의 국기는 대부분 초승달이 그려져 있다. 만월은 곧 기울어지나, 초승달은 점점 둥글어진다는 희망을 갖게 한다는 것이다.

10여 년 전 MBC에서 '해를 품은 달'이라는 드라마가 방영되었었다. 그 작품은 조선 시대에 애절한 사랑의 이야기를 그린 로멘스 드라마였다. 그런가 하면 '달이 뜨는 강'이란 드라마도 있었다. 최근에는 어린이 영어 동화에는 '햇님 달님'이란 것도 있다. 해나 달을 의인화해서 '님'을 붙이는 것을 한국에서는 다반사이다.

그런데 구약 성경 창세기의 믿음의 조상 아브라함의 옛 고향인 갈대아 우르는 고대 종교의 발상지로서 주로 일월성신을 섬겼다. 특히 달신(月神)을 섬기는 우상 종교를 믿는 지역이었다. 그들은 달을 섬길 뿐 아니라 달과 관련된 여러 가지 물건을 만들어서 팔기도 했다. 그러니 아브라함의 아버지 데라는 바로 달신 우상 장수였다고 할 수 있다. 그런데 하나님께서는 75세에 아브라함을 선택해서 야훼 하나님 유일신 종교의 조상이 되도록 했다. 즉 우상 종교를 타파하고 유일신 야훼의 하나님, 창조주요, 구속주 하나님을 섬기는 조상으로 아브라함을 불러내었다. 먼저 우상인 달신 종교에서 벗어나야 인격적인 하나님과의 만남을 할 수 있었다. 그래서 아브라함은 하나님의 부르심에 즉각 순종하고 달신 우상의 땅 우르를 등지고 하나님이 지시하는 땅으로 순례의 길을 떠났다. 그것은 아브라함에게는 위대한 신앙의 결단이요, 새로운 언약 종교요, 계시의 종교요, 새로운 세계관으로 돌아서는 사건이었다.

역사적으로 인간은 하늘의 태양과 달과 별을 보면서 종교적 이상을 꿈꾸기도 하고, 왕권을 휘두르기 위한 방편으로 삼기도 했다. 이런 것이 종교에 혼합되어 새로운 세계관을 열기도 했다. 예컨대, 로마 카톨릭은 기독교의 본질인 성경의 복음에서 아주 벗어나서 태양신 종교로 둔갑한 케이스다. 로마 카톨릭의 모든 건물과 의식에는 태양신과 연관된 것이 너무나 많다. 그러니 로마 카톨릭이 마치 기독교인척 하는 것은 참으로 잘못된 것이다. 거기다가 바벨론 여신 종교를 받아드려 마리아를 신격화하고 경배의 대상으로 삼는 혼합 종교가 되었다. 그래서 16세기의 교회 개혁자들은 태양신 종교로 변질된 것을 다시 성경 중심, 복음 중심의 교회로 바로 세우려는 운동을 감행했다. 그래서 Sola Scriptura, Sola Fide, Sola Gratia를 외치고 프로테스탄트 교회를 탄생시킨 것이다.

일본도 태양신을 섬기는 나라이다. 과거 일본이 한국 교회를 박해하면서 일본의 태양신을 섬기도록 강요하고, 불복자는 감옥에 가두었다. 또한 오늘의 북한도 김일성을 태양으로 숭배하는 태양신 종교에 빠져있다. 김일성의 태양신 종교는 전 세계의 종교 가운데 열 번째로 큰 종교이다. 이 태양신 종교 아래, 모든 주민이 교인이고, 김일성 태양 종교는 모든 인민을 얽어매는 이단 종파이다.

그런데 이게 왠 일인가? 한국에도 김일성 태양신 종교를 사모하고, 따르고 사랑하는 달님 종교가 생겨났다. 즉 '해를 품은 달'이 한국 상공에 떠 있다. 지난 24일 대통령의 생일날 KBS 열린음악회에 북한의 인공기를 연상케 하는 화면을 띄우고, 마지막에는 '달님에게 바치는 노래(Song to the Moon)'로 엔딩을 했었다. 그리고 KBS는 시청료를 올려 평양에 KBS 지국을 설립한단다. KBS가 미쳐도 아주 단단히 미친 것 같다. 기가 막혀 말이 안나온다. 달님에게 바치는 노래를 부르면서, 그 달님이 태양을 품고, 애타게 사모하고, 퍼주고, 나라를 통째로 갖다 바치려는 시도를 계속하고 있다.

태양신도 달신도 사실은 모두 헛된 우상 숭배이거늘, 이 나라 목회자들과 성도들은 휘영청 밝은 달만 쳐다보면 그만인가?

22.

개천의 용(龍)

나의 어릴 때 아명은 '용섭'이었다. 형님은 '활용'이라고 했고, 집안의 형님들은 '용전', '용웅'이었다. 모두가 용을 좋아했는지 모르지만, '용'자 돌림이 많았다. 이렇게 '용'자가 들어간 이름에는 한국 교회의 대표적 신학자였던 '박형룡' 박사가 있고, 기독교 교육 학자로 '김득룡' 박사도 있다. 하여간 중국과 한국 사람은 '용'을 무척 좋아하는 것 같다. 사실 '용'은 실제 존재하는 것도 아니고, 상상 속의 동물이다. 그런데 한국은 임금을 '용'으로 표현했고, 임금이 앉는 자리를 '용상'이라 했다. 그리고 임금의 얼굴을 '용안'이라고 했다. 또한 용상의 꼭대기 천장에는 '황용'과 '청용'이 꿈틀거리는 것을 조각하여 화려하게 채색까지 더해 임금의 위엄과 권위를 한껏 드러내고 있다.

그런데 흔히 하는 말로 '개천에서 용이 났다'는 말을 두고, 요즘 여러 의견들이 많다. 그래서 개천에서 용이 나오는 세상이어야 희망의 세상이란 사람도 있고, 또 어떤 사람은 말하기를 "이제는 개천에서 용이 나올 수 없는 시대가 되었다"라고 한다. 그도 그럴 것이 옛날에는 가난하고 힘들게 살았어도, 과거(科擧) 시험에 합격을 하면 큰 벼슬을 하고 "개천에서 용 났다"고 하던 시절이 있었다. 그것은 과거라는 제도를 통해서 하루아침에 어사가 되고, 관직에 오르는 참 좋은 제도라고 본다. 하기는 그 과거 제도도 기득권 양반들의 조작으로 엉망이 되기도 했다.

얼마 전까지만 해도 사시를 통해서 바닥 인생이 어느 날 갑자기 판사가 되고 검사가 되고 변호사가 되어 인생 역전이 이루어졌다. 그러나 법학전문대학원이 생기면서부터 개천에서 용이 날 일이 없어졌다고 한다. 그러니 그 법학전문대학원도 이미 기득권을 가진 자들의 무대가 되고 있는 것이다. 말하자면 개천의 미꾸라지들은 아예 기회가 없어진 것이다. 그래서 어떤 이는 말하기를 "요즘은 용이 미꾸라지를 잡아먹는 시대가 되었다"고 한다. 기득권을 가진 용들이 개천에서 흙탕물을 튀기고, 작은 물고기들을 잡아먹어도 누구 하나 항거를 못한다. 그래서 "억울하면 출세하라!"고 하지만, 억울해도 출세할 방법이 없다. 연약한 자들이 고발 고소를 해도 판·검사가 무시하면 그만이기 때문이다. 그래서 SKY 캐슬에서 보는 것처럼, 우리나라는 권력과 돈과 명예를 가진 사람들끼리 높은 성벽을 쌓고, 자기들만의 리그를 즐기는 나라로 변하고 있다. 참으로 안타까운 현실이다.

이 세상에 가장 좋은 정치 시스템은 두말할 필요 없이 자유 민주주의요, 시장 경제이다. 그런데 거기다가 도덕적 사회(Moral Society)가 이루어진다면 더할 나위 없을 것이다. 일찍이 미국의 신학자 라인홀드 니버(Reinhold Niebuhr)는 『도덕적 인간과 부도덕한 사회』란 책을 썼다. 부도덕한 사회도 문제이지만, 더욱 큰 문제는 부도덕한 인간이라는 것이다. 인간이 하나님 앞에서 사는 도덕적 인간이 안 되면 희망이 없다. 영국 사회가 아직도 건재한 것은, '권력을 가진 사람은 돈을 갖지 않고, 명예를 가진 자는 권력을 갖지 않고, 돈을 가진 자는 명예를 갖지 않는다'고 한다.

그런데 오늘의 한국 사회는 수많은 용들이 권력과 돈과 명예를 한 손아귀에 넣고, 이 땅에서 천년만년 살 것처럼, 온갖 부정부패를 저지르고 있다. 그러니 수단 방법을 가리지 않고, 그 세 가지 모두를 가지려는 탐욕의 '정글 사회'가 되어버리고 말았다. 그래서 오늘의 사회는 권력이 있으면 돈과 명예가 따라오고, 돈이 있으면 권력과 명예가 따라 오는 것이 오늘날 대한민국의 자화상이다. 그래서 법을 집행하는 법무부 장관이 권력과 명예와 돈을 다 가지려고 자녀들을 희한한 방법으로 가짜 서류를 만들어 입학시키지 않았는가? 이것이 어디 그 집안뿐이겠는가? SKY 캐슬을 즐겨보던 시청자들은 이 모습이야말로 바로 우리 한국 사회의 모습이라는 공감을 일으켰다.

한국 교회도 힘 있는 용들은 권력과 돈과 명예를 한꺼번에 다 가지려고 하고 있다. 그것도 전혀 비성경적인 방법으로 말이다. 그렇지만 교회는 영적 권위(Authority) 곧 말씀의 권위를 가지고 성도들에게 순수한 복음을 증거 해야지, 세상 권력에 아부 해서도 안 되고, 스스로 권력을 쟁취하려고 해서도 안 된다.

한국 사람은 '용'을 좋아하지만, 성경은 용을 '옛 뱀' 곧 '사탄'이라고 했다. 이 시대는 '용의 시대'이다. 거짓이 이 세상에 창궐하고, 불법이 정의를 몰아내고, 수단 좋은 사람이 성공하고, 하나님 앞에 눈물 뿌려 기도하고, 말씀대로 살려고 발버둥치는 목회자들은 개척 교회 전세금도 못 내서 건설 노동 현장으로 몰려나고 있다.

벌써 대통령 선거에 시동이 걸렸다. 대통령으로 누가 될는지는 모르지만, 부디 개천에도 용이 나올 수 있는 공정한 사회, 기회 균등의 사회, 정의로운 세상을 만들 사람을 뽑아야겠다.

23.

가정 파괴하는 여가부

　오월은 가정의 달이다. 어린이 날, 어버이 날, 스승의 날, 부부의 날도 있다. 하지만 오늘의 한국은 가정도 무너지고, 가족이 해체되고 있다. 특히 금년에는 코로나19로 말미암아 가족 모임도 줄었고, 어린이들이 마음껏 뛰놀 수도 없고, 자식들은 지방에 계시는 부모님들을 방문할 수도 없다.

　최근 가족의 격변은 우리에게 정신적 충격과 혼란을 일으키고 있다. 지금 한국 사회는 낙태 조장, 이혼율 급증, 결혼율의 감소, 출산 파업, 동거 확산, 동성연애 등으로 홍역을 앓고 있다. 아이들은 과외에 찌들고, 청소년은 갈 곳 없어 방황하고 있다. 청년들은 알바 자리도 없고, 취업자리도 없어 결혼도 할 수 없어서 모든 것을 포기하고 있다. 또한 은퇴한 어버이 세대들은 빈곤층으로 내 몰리고 외톨이가 되어가고 있다. 방송국에서는 가정의 달에 상업 프로그램을 만들었지만 트로트 가수들이 노래 부르는 것이 전부였다. 그러나 그것이 위기를 만난 오늘의 가정들에게 진정한 위로는 되지 않았다. 어찌하여 종편 방송국들은 비혼자들을 불러내어 청년들에게 비혼의 정당성을 계속 홍보하고 있는가?

일찍이 종교 개혁자 요한 칼빈은 다음과 같이 말했다.
"'부모에 대한 효성은 덕의 근본이다'
'모든 경건한 자의 가정이 교회가 되어야 한다'
'인간 창조의 법칙은 생육하고 번성하라는 것이다'라고 했다."

현대인들 특히 인본주의 사상을 가진 자들에겐 이런 성경적 원리를 잠꼬대 같은 소리로 들릴지 모르겠다. 지금 자녀들은 부모에 대한 효도가 거의 없어졌다. 시중에 떠다니는 말 가운데 '부자 집에는 자녀는 없고, 상속자만 있다.'고 한다. 부모의 재산을 노리고 유산 때문에 형제 간에 소송이 늘고 있다. 그 대표가 바로 건국 대통령 이승만 박사를 폄하하던 광복회 회장의 가족이다. 가정 문제에 대해서 국가는 근본적인 대안을 내놓은 것도 없고, 여성가족부의 정책이란 것이 오히려 가족 해체를 부추기고 있는 형국이다.

우리나라는 전 세계에서 유일한 '여성가족부'라는 것이 있다. 여기에는 모든 '페미니스트들'이 모여 있다. 여성가족부가 일 년에 쓰는 예산 만 무려 1조 2천억이라고 한다. 한국에는 3,500여 개의 여성 단체들이 있고, 이 중에 700여 개의 단체가 정부의 지원을 받다고 들었다. 정부는 그들이 뭘 한 것이 있다고 이토록 많은 예산을 주고 있는지 모를 일이다. 따지고 보면 여성가족부는 도리어 한국의 가족을 해체하는 기구인 셈이다. 지금 문 정부는 비혼 가정과 황혼 동거를 가정으로 보자는 것이다. 문재인 대통령은 사실 여성 단체의 건의를 받아들여 '건강한 가정 해체에 시동을 건 셈이다.' 그리고 동성 결혼을 합법화하기 위해서 '건강 가정 기본법 개정안'을 만들려고 한다. 이 모든 것의 배후에는 '국가 인권위원회'라는 곳이 있고, 그 속에 '극단적 페미니즘'을 주장하는 자들이 똬리를 틀고 있다.

그러므로 이 땅에 건강한 가정을 세우려면 먼저 '여성가족부'를 해체해야 한다. 이 사람들은 입만 열면 '인권'이니, '평등'이라는 말을 앞세워 한국 사회에서 가족을 파괴하는 이데올로기를 만들어 냈다. 이들은 '성 평등', '성 소주자 인권'을 들먹이면서 '차별금지법'까지 만들려고 하고 있다. 그러니 여성 단체들도 민노총이나 전교조와 비슷하게 정치권에 압력을 가하고 있는 단체인 셈이다. 그러므로 정부는 가정 해체와 사회적 혼란을 초래하는 '건강 가정 기본법'을 개정하려는 못된 시도를 즉시 중단해야 한다. 오늘의 한국 사회는 '인권'이란 말로 세상을 뒤집어 놓고 있다. '인권'을 들먹이는 수천 개의 여성 단체들의 사상적 배경도 이 기회에 조사해봐야 할 것이다.

가정을 해체하려는 의도는 공산주의, 사회주의 수법이요, 젠더 이데올로기에 편승한 악법을 법제화하려는 꼼수이다. 또한 이 법은 '동성 결혼'을 합법화하기 위한 기초이고, 이른바 '차별금지법'의 내용이다. '가정 건강 기본법' 그 제안 자체가 비윤리적, 비논리적, 비정상적인 인본주의적 유물론적 사상에서 나온 것이다. 이들은 국가 인권위원회라는 파라솔 밑에서 일하는 극단적 페미니스트들로, 동성애를 주장함으로 가정 파괴, 결혼 파괴, 남녀 성별을 파괴하고, 여성 인권만을 앞세운 패륜적인 비도덕, 비윤리적인 행동을 일삼고 있다. 또한 이 사람들은 '인권'이란 말로 위장하면서 정부와 페미니스트들과 공생하고 있으며, 여성 인권만을 주장하면서 여성을 항상 피해자로 부각시키고 있다.

지금 한국의 위기는 가정의 위기다. 지금 가정이 해체되고 있고, 가족이 없어지고 있다. 부모들은 갈 곳이 없어 극빈자로 몰리고, 청소년들은 방황하고 일터도 일감도 없다. 그런데 앞서 말한 대로 문제인 정부를 지지하는 3,500여 개의 여성 단체들이 활동하고 있고, 700여 개의 단체들이 정부의 돈을 받아먹고, 이들이 차별금지법, 성 평등을 들먹이며 가족 해체의 법을 만든다고 한다.

그러므로 세계에서 둘도 없는 여성가족부를 즉시 해체하고, 그 예산 1조 2,000억을 풀어서 이 나라의 위기에 처한 가족들을 살리는 정책을 강구하고, 청년 일자리와 청년들이 행복한 가정을 꾸미고 자녀를 낳을 수 있는 대안을 마련하자.

"여호와께서 집을 세우지 아니하시면 세우는 자의 수고가 헛되며…"(시 127:1)

24.

X 파일

　여러 해 전, 대통령 선거에서 이회창 대세론이 있었다. 이회창 대통령 후보가, 목사님 1,000여 명에게 유세 겸 특별 강연을 하게 되었다. 그런데 후보에게도, 당에서도 큰 일이었다. 이회창 후보는 대법관, 감사원장 출신에, 국회 의원에, '대쪽 판사'라는 별명이 붙은 카톨릭 신자인데, 개신교 목회자들 앞에서 무슨 강연으로 대통령 후보 유세를 할 것인지, 당 안에서는 난다 긴다 하는 연설문 전문가들이 여럿 있었지만 큰 고민이었다. 바로 그 절박한 시기에, 당시 당 정책의장이 나와는 고등학교 선후배여서 지면이 있는 터라, 당 정책의장이 직접 그 연설문을 나에게 부탁하려고 예고 없이 갑자기 찾아 왔다…선은 이러고, 후는 이러고…도와달라고 했다. 나는 본래 정치와는 한참 멀고, 더구나 대통령 후보의 연설문을 써 본 일도, 해본 일도 없었다.

하지만 나는 평생을 신학생과 목사들을 상대로 강의하고 설교하고 강연하는 것이어서 어려울 것도 없었다. 나는 1977년부터 전국 목사 장로기도회 주 강사가 되어 수천 명의 목회자들에게 매해 강연할 때 직접 강연 원고를 써본 경험도 있었다. 목사님들을 상대로 대통령 후보가 연설하는 정치 연설이었으니 만큼, 당 정책의장을 잠시 기다리라 해놓고, 마치 내가 후보가 된 것 같은 마음으로 그 자리에서 연설문을 쓰기 시작했다.

"존경하는 목사님들, 저 대통령 후보 이회창입니다. 여러 목사님들에게 하나님의 은혜와 평강이 함께 하시길 바랍니다. 저는 일평생 법관으로 살았습니다. 저는 대통령 후보로서 저 화란의 위대한 칼빈주의 사상의 법학자요, 법철학자인 헬만 도예베르트를 알고 있습니다. 그의 사상의 핵심은 바로 시편 119편 105절 말씀인 "주의 말씀은 내 발에 등이요, 내 길에 빛이니이다"라고 했습니다. 결국 법철학자도 '하나님의 말씀이 표준이 된다'는 것을 깨달았습니다…"를 시작으로 유세를 이어가도록 썼다. 벌써 연설문 서두에서부터 목회자들은 감탄할 판이었다. 나는 원고 초벌을 당 정책의장에게 보여주었더니, 하시는 말씀이 "어떻게 사람의 마음을 그리 잘 꿰 뚫고, 그런 명연설문을 즉석에서 만드시냐"고 칭찬을 아끼지 않았다.

당시 이회창 후보가 대통령이 되는 것은 기정사실인 듯했다. 그러나 '김대업'이란 공작자가 이회창 후보 자녀의 병역 비리 X파일을 터뜨리는 바람에, 그는 대통령에 낙선의 고배를 마셔야만 했다.

후에 그 X파일은 거짓으로 판명되었지만 판을 뒤집을 수는 없었다. 이 세상은 정의가 승리해야 하지만, 거짓과 권모술수가 판을 치는 공작에 움직이는 나라이다.

선거철이 다가오고 있다. 여야의 자칭, 타칭 대통령 후보들이 나오고 있다. 정치는 생물(生物)이므로 앞으로 무슨 변수, 무슨 거짓 X파일이 일어날지 알 수 없는 일이다. 한국의 정치란, 남의 약점을 캐서 넘어뜨리는 참으로 비열하고 못된 활동이다. 정치란, 진실하고 정의로운 사람들이 하는 것은 어렵다. 정치란, 권모술수가 난무하고, 수단 방법을 가리지 않고, 공작(工作)을 통해서 상대를 허물어 버리고 죽이는 것이다. 그러므로 정치는 이상이 아니고 현실이다.

우리의 바램은 정의가 강물처럼 흐르는 나라이다. 우리는 자유 민주주의, 시장 경제, 한미 동맹, 기독 입국 등 이승만이 세운 나라에, 박정희 대통령이 경제 부흥을 세웠던 나라이다. 그리고 "이러한 백성은 복이 있나니 여호와를 자기 하나님으로 삼는 백성은 복이 있도다."(시 144:15)라는 성경 말씀대로 이루어지는 이런 비전이 나의 개인적인 소망이다.

선거가 무르익어 갈 때, 혹여 이 땅에 만연한 세작들과 종북 세력이 또 기상천외한 무슨 짓거리를 할는지 알 수 없다. 왜냐하면 공산당은 수단 방법을 가리지 않기 때문이다. 선거 조작, 개표 조작, 상대 제거 등등… 착하고 진실한 사람이 대통령으로 거의 작정되는 순간까지 또 무슨 음흉한 음모가 이루어질는지, 또 무슨 방법이 동원될는지 알 수 없는 일이다.

칼빈은, '인간은 죄로 완전 부패했기 때문에 정부가 필요하고, 선거를 통한 민주주의가 필요하다'고 했다. 롬 15:1절에 "믿음이 강한 우리는 마땅히 믿음이 약한 자의 약점을 담당하고 자기를 기쁘게 하지 아니할 것이라"고 했다. 또한 남의 허물을 덮어주고 상대의 연약한 부분을 내가 떠안아 주는 것이 기독교의 도덕이지만, 이 세상은 장미 동산이 아니라, 남의 약점 캐기 전쟁터이니, 참되고 진실하고 정직한 자가 다칠까 늘 걱정이다. X파일도 문제지만, 아마도 보이지 않는 검은 손길이, 앞서가는 진실하고 참된 지도자를 일격에 무너뜨릴 함정을 파고, 거짓된 X파일을 준비하는 음모가 있을지도 모른다.

이제 대한민국은 개발 도상국가가 아니고, 명실 공이 선진국 대열에 들어섰다고 한다. 경제만 선진국이 되는 것으로는 안 된다. 온 나라가 '양심'과 '도덕'과 '윤리'가 세상을 움직여야 진정한 선진국일 것이다.

'자유 민주주의'가 승리하도록 두 손 모아 기도할 뿐이다.
대한민국 만세~

25.

Vaccine

  작년에 코로나가 위세를 부리는 중에 어느 목사님이 설교 시간에 '드디어 백신이 발견되었습니다'라고 교인들에게 말한 뒤 강대상 뒤의 영상 화면에다 '백(白) 고무신' 한 켤레를 띄웠다. 말 그대로 백신이 맞다. 코로나19로 우울한 성도들에게 잠시나마 웃음과 위로를 주려는 참으로 기발한 아이디어였다. 예지가 번득이는 발상이었다.

  그로부터 1년, 각 나라에서 기다리던 코로나19 백신이 출시되었다. 나는 방역 모범 국가라던 우리나라가 백신을 제일 먼저 출시될 것이라고 생각하고 마음속으로 은근히 기다렸다. 하지만 미국, 영국, 독일, 러시아, 중국 등의 나라들이 선수를 쳤다. 나는 잘은 모르지만 백신의 종류에는 '시노팜', '모더나', '화이자', '사노피', '노바백스', '얀센', '아스트라제네카'라는 백신이 있다고 한다. 그런데 이런 백신들은 개발 방법도 다 다르고, 실제로 면역의 질도 다르고 부작용도 있다고 들었다. 그런데 방역 모범국이라고 세계적으로 자화자찬하고 선전을 하던 우리 대한민국은 막상 백신 구입에 허둥대는 모습이다. 정부는 처음에 아예 '아스트라제네카'란 백신을 전 국민이 맞으라고 권면 정도가 아니라 강매하는 분위기였다. 그러나 사실 알아보니 정부가 강력히 천거했고 군인, 소방관, 경찰에 접종했던 '아스트라제네카'는 고급 백신의 1/20이나 1/5도 안 되는 제일 싸구려 4달러짜리 백신이었다.

우리 대한민국의 국력이 세계 10위권의 부자 나라인데, 어째서 아프리카 수준의 가장 질 낮은 백신을 국가가 장려했는지, 의학과 과학에 무식한 나 같은 목사로서는 이해도 안 되고 알 길도 없다. 코로나19로 어려워진 자영업자와 실업자들과 청소년 실업자들에게는 정부와 지자체가 다투어서 돈을 나누어주었다. 정부가 생색을 내어 표가 되거나 여론 반전이 될 만한 것에는 엄청난 재정을 풀면서, 어째서 국민의 건강을 우선해야 하는 정부가 제일 싸구려 백신을 국민들에게 맞으라고 했는지 알다가도 모를 일이다. 백신은 모든 바이러스를 예방하기 위한 것이다. 바이러스에는 독감 바이러스도 있고, 소아마비 바이러스도 있다. 세상은 온 천지에 바이러스가 만연하다. 동물 바이러스는 닭과 돼지 열병 바이러스도 있고, 식물에는 고추 바이러스도 소나무 바이러스도 있다고 들었다. 지금 인류는 바이러스와의 전쟁에서 백신 연구 개발에 올인하고 있다. 중세 때는 페스트 바이러스로 유럽 인구의 상당수가 죽었다. 바이러스가 어디서 오는지 나는 알 수가 없지만, 바이러스란 라틴어로는 '독'이란 말이다. 한 가지 확실한 것은 눈에 보이지 않는 바이러스가 인간을 파멸로 몰아가고, 죽음으로 몰아가는 것은 엄연한 현실이다.

그리고 코로나19의 펜데믹 시대는 우리가 한 번도 경험하지 못한 상황이다. 그런데 바이러스는 꼭 사람이나 동물이나 식물을 망가뜨리는 것만은 아니다. 정신 세계에도 바이러스가 우글거리고 있다. 지금 우리나라가 당면하고 있는 문제는 코로나19 바이러스 못지않게 공산주의 바이러스, 사회주의 바이러스, 종북 바이러스가 온 나라에 창궐하고 있다. 그런데 이런 악성 바이러스에 대항하는 백신이 없다는데 우리의 고민이다. 코로나19 바이러스에는 음성도 있고 양성도 있다고 들었다. 이런 공산주의 바이러스는 대놓고 공산주의를 예찬하는 인간이 양성이라면, 잠정적인 보균자들도 많지 않을까 생각해본다. 이런 보균자들은 지금 드러내놓고 말은 안 해도, 결정적 시기에 큰일을 저지를 자들이다.

영적 세계에도 바이러스들이 우글거리고 있다. 역사적으로 봐도 교회를 망가뜨리고, 기독교를 말살하려는 사탄적 공격은 사실 악성 바이러스이다. 이런 악성 바이러스는 개인적인 것도 있지만, 집단적 바이러스도 있다. 교회 안에도 기독교 안에서도 성경을 파괴하려는 자들, 교회의 세속화를 부추기는 인본주의와 세속주의, 자유주의 사상들이 몰래몰래 들어오고, 야금야금 성도들에게 파고든다. 어디 그뿐인가? 유사 기독교 또는 이단의 바이러스도 교회를 혼란하게 만들고 있다. 우리는 이런 영적 바이러스를 공격하는 백신을 만들기 위해서는 그냥 기도하는 것으로 만족하지 않아야 한다. 아브라함 카이퍼 박사의 말대로, 우리는 영적 전사로서, 철학은 철학으로, 논리는 논리로, 사상은 사상으로, 정치는 정치로 영적 바이러스와 사상적 바이러스를 물리칠 수 있는 백신을 개발하여야 한다.

그리하려면, 악의 세력과 싸우기 위한 철저한 '성경적 세계관', 즉 '하나님 중심의 세계관'의 교육과 훈련, 이를 구체화 할 수 있는 시스템을 갖추어야 할 것이다. 영적 백신은 단순히 개인의 경건만 아니고 죄와 세상을 향해 싸울 수 있는 '거룩한 야성(野性)'을 가져야 한다. 왜냐하면 우리는 모두 영적 전사들이기 때문이다. 확실한 성경적 세계관으로 악의 세력과 싸우려면 강력한 '영적 백신'이 필요다.

26.

Red Professors

    십수 년 전의 일이다. 나는 어느 모임에서 3일간 특별 강연을 했었다. 나는 평소대로 '칼빈주의 세계관'이란 주제로 열심히 강의했다. 그때 함께 하던 한국의 명문대학교의 역사학 교수 한 분과 심각한 대화를 나누었다. 그는 내게 말하기를 "목사님, 우리 대학교의 인문 사회 과학 교수들은 전부 빨갛습니다"라고 했다. 빨갛다니, 그러면 붉은 교수들? 그들 모두가 종북 사상을 학생들에게 가르친다는 말이다. 그 교수는 심각한 표정으로 오늘의 대학 현실을 말해주었다. 하기는 나도 평생을 신학대학에서 교수 노릇을 했지만, 사태가 이렇게 심각한 줄은 몰랐다.

    얼마 전에 '청주 간첩단'이 발각되었다. 사실 이것은 아마 조족지혈(鳥足之血)일 것이다. 그동안 공산당들은 이 땅에 끊임없이 간첩들을 보내고, 똑똑한 인재들에게 엄청난 장학금을 뿌리고 급기야 대학을 점령한 것이다. 옛날 간첩은 고무 보트를 타고 해안가로 침투했으나, 오늘의 간첩들은 아예 세계에 위조 전문 국가인 중국에서 대한민국 여권을 만들어 비행기를 타고 인천공항으로 당당히 입국한다니 기가 막힐 일이다. 간첩에는 북한의 지령을 받은 직파 간첩도 있지만, 그들의 사상에 동조하는 붉은 사상에 물든 한국에서 탄생한 자생적(自生的) 종북주의 지식인, 지성인들이 대학의 인문 과학, 사회 과학 분야 교수들로 포진하고 있다. 인문학의 대표적인 과목은 문학, 역사, 철학 분야라 할 수 있는데, 이들 교수들은 마치 한국의 자유 민주주의를 비판하고, 평화, 화해를 들먹이고 대한민국의 역사를 부정하고, 맑스주의 사상을 은근히 부추기는 것이 지식인인 것처럼 강의해 왔었다. 그러니 그 사상을 배운 학생들도 자신도 모르게 점점 붉게 물들어 버렸던 것이다.

그리고 사회 과학 분야에서는 특히 법학과 사회학, 경제학 등이 핵심이다. 이들 교수들도 학과의 분위기와 선배들의 학문의 행방을 따르면서, 사회주의 경제 이론과 사회주의적 법 이론을 가르쳐 왔었다. 하기는 여기서 가르치는 교수들이 모두 간첩도 아니고, 붉은 사상을 가진 교수들도 물론 아닐 것이다.

그러나 학교는 학풍도 있고, 과(課)의 특성상 선배 교수들과 과장의 입장과 전통이 있다. 이 교수들은 은근히 자유 민주주의를 비판하고, '평화', '화해', '남북합작', '통일노선', '자본주의 병폐'라는 말로 슬쩍슬쩍 건드리며, 미국이나 독일의 좌파학자들의 논리를 빌려서 대한민국의 체제를 허무는 것을 선진 학문인 것처럼 가르쳤다. 그 결과 여기서 배운 학생들이 결국 정치, 경제, 법률, 사회, 예술, 문화 등에 포진하게 되었다. 그 교수들에게서 배워서 초, 중, 고 교사들이 만들어낸 괴물이 '전교조'라는 단체이다. 그러므로 이 나라를 병들게 한 박테리아는 코로나19가 아니라 전교조이고, 그 위로 올라가면 결국 Red Professors들이다. 그리고 거기서 배운 모든 학생들은 전교조가 만든 사상에 붉게 물들게 된 것이다. 지금 초등학교 어린이들까지 '대한민국은 태어나지 말아야 할 나라'로 인식하고, 육, 해, 공 군인들 30% 이상이, 6·25는 북침이라고 생각하고 있단다. 국가 안보가 가장 튼튼해야 할 이 땅의 군대 안에도 종북 사상이 붉게 물들어 있다는 반증이다. 그러니 전쟁은 하나 마나인 셈이다.

지금 우리나라는 민노총, 전교조가 움직이는 나라라고 해도 틀리지 않을 것이다. 이들은 노동자들의 권익이나 교수들의 인권을 보호하는 단체가 아니다. 실상은 종북 정부를 떠받드는 양대 산맥이요, 홍위병들이다. 이번 '8·15 걷기 대회' 때 태극기 든 사람들을 잡아가고, 인도로 길 가던 사람을 펜스로 막아섰다. 하지만 민노총이 하는 일인 시위는 아무런 제지를 하지 않고 있다. 푸른 풍선을 높이 쳐들고 구호를 외치고, 북한의 공산주의를 예찬하는 붉은 현수막은 시간이 지나도 그대로 방치하고 있으니 누가 보아도 형평성에 맞지 않다. 하기야 어느 지자체는 광복절에 아예 한반도기를 내걸고, 서울 곳곳에 종북주의를 예찬하는 현수막을 그대로 방치하고 있다. 그러면서 경찰들은 8·15에 길을 걷는 다는 이유만으로 행인의 길을 막아서고, 신분증을 제시하라고 겁박하고 있다. 그러니 지금의 정부와 민노총과 전교조는 동업자이고, 이 나라가 벌써 붉게 물들어 있다는 증거이다.

사실 나 같은 늙은이가 이런 말을 하면, 어떤 이들은 '색깔론'이라고 말할 것이다. 맞다. 색깔론이다. 새빨간 것이나, 뻘건 것이나, 붉으스레한 것이나, 붉으죽죽한 것이나, 모두가 빨강색이 아닌가? 또 어떤 이는 지금이 어느 시대인데, 이데올로기 타령이냐 할지 모르겠다. 그래 이데올로기가 맞다. 지식을 생산하는 대학에 Red Professors들이 사회주의 이데올로기를 가르치니 나라가 붉게 되었다. 요즘 유행어처럼 '아닌 것은 아닌 것이다'.

나는 40년 전부터 대학 총장으로 12년을 했었다. 이 나라는 간첩들의 활동으로 대학에 Red Professors들을 만들고, Red teachers를 만들어, 뭉치고 뭉친 것이 결국 '전교조'란 괴물을 탄생시켰다.

계속 젊은이들의 사상을 붉게 물들여 가고 있다.
Red Professors들을 걷어내야 하는 판에 요즘 신학대학들마저도 약간 붉으스레 해지는 것이 참으로 안타깝다.

27.

"I have a dream"

    1963년 8월 28일 워싱턴 D.C 링컨 기념관 앞에 20만 명이 모여 '자유를 위한 워싱턴 행진'을 했다. 흰 대리석 계단을 오른 마틴 루터 킹(Martin Luther King Jr) 목사는 20만 명의 군중을 향해서 '나는 꿈이 있습니다: I have a dream'란 17분간의 불꽃 튀기는 연설을 했다. 그는 준비했던 원고를 버리고, 즉석 연설을 했다. 마틴 루터 킹 목사는 중후한 바리톤에 명쾌한 악센트로 대중을 휘어잡는 그의 연설은 세계사에 길이 남을 명연설이었다. 그의 연설은 흑·백을 넘어서 지위 고하를 막론하고 진정한 자유가 무엇임을 만천하에 선포했다.

    마틴 루터 킹 목사는 설교가 이기도 했지만, 대중을 사로잡는 웅변가이기도 했다. 그의 연설 중에 몇 구절을 살펴보면 이렇다.

    "나에게는 꿈이 있습니다. 나의 자식들이 이 나라에 살면서 피부색으로 평가되지 않고, 인격으로 평가되는 날이 오는 것이 꿈입니다."

"어두움으로 어둠을 몰아낼 수는 없습니다. 오직 빛으로만 할 수 있습니다. 증오로 증오를 몰아낼 수 없습니다. 오직 사랑만이 할 수 있습니다."

"나는 꿈이 있습니다. 언젠가는 모든 골짜기들은 메워지고, 모든 언덕과 산들은 낮아지고, 거친 것은 평평해지고 굽은 곳은 펴지고, 하나님의 영광이 나타나고, 모든 사람들이 그 영광을 보게 될 것이다라는 꿈이 있습니다."라고 했다.

마틴 루터 킹 목사의 연설이 있던 그 날은 아브라함 링컨의 '노예 해방 100주년 되는 날'이기도 했다. 그는 흑인 민권 운동의 지도자이자 알라바마주 몽고메리 교회의 담임 목사이자 보스턴 대학의 신학 박사이기도 했다. 또한 그는 1964년 노벨 평화상을 받기도 했다. 하지만 1968년에 괴한의 흉탄에 맞아 쓰러졌다. 그래서인가 흑인으로서는 최초로 그의 생일이 미국의 국경일이 되었다. 매년 1월 셋째 월요일은 미국 연방 공휴일이 되어 마틴 루터 킹 주니어를 기억하는 날이 되었다.

그런데 지금 우리나라에는 꿈도 없고 비전도 없다.
젊은이들은 모든 것을 포기하는 '삼포 시대', '오포 시대'를 살고 있다. 꿈이 없는 나라는 희망이 없다. 참으로 한심한 것은 이 땅에는 헛된 사회주의 건설, 공산주의 건설의 꿈에 매달린 사람들이 엄청 많다. 지금 대한민국에는 위로는 대통령부터 아래는 정치도 알고, 법도 안다는 사람들이 김일성의 '주체사상'으로 세상을 새롭게 바꾸겠다는 꿈을 꾸면서 사는 지도자들이 많다니 정말 한심하기 그지없다.

꿈이라고 다 좋은 것은 아니다. 이 세상에는 '개꿈'도 있고, '헛된 꿈'도 있다. 세계사적으로 봐도 사회주의, 공산주의 운동은 벌써 끝났음에도 불구하고, 유독 자유 대한민국 안에 살면서 온갖 특혜를 받고 새로운 귀족이 되어 있는 자들이 허망한 꿈 때문에 나라를 위기로 몰아넣고 있다. 그 헛된 꿈을 꾸는 것은 바로 사상이요, 이데올로기다.

나는 러시아를 비롯 동구라파가 자유화되기 전부터, 그 나라에 선교사들도 파송했고 그곳을 여러 번 방문했었다. 동구 공산권이 다 무너진 마당에 어찌하여 북한의 공산주의 집단만이 무력으로 남북통일의 꿈을 꾸고 있는지 알 수 없다. 그들은 70년이 넘도록 '미군 철수', '우리 민족끼리'를 앞세우고, 끊임없이 종북주의자들에게 세뇌 공작을 통해서 기어코 자유 대한민국을 해체하고 공산 통일을 하려는 꿈을 꾸고 있다. 대통령 후보를 미는 자들의 배후에도 종북 세력이 움직이고 있다고 한다.

이 나라가 왜 이 지경이 되도록 방치 했을까?

책임은 정치권과 노동 운동의 잘못이라기보다, 교회와 지도자들이 사람들에게 꿈을 심어주지 못한 데 있다. 즉 이 땅에 '하나님의 나라 건설의 꿈'을 심어주지 못했고, 이 땅에 삶의 모든 영역에 '예수 그리스도를 왕이 되게' 하지도 못했고, 기독교적 세계관 즉 하나님 중심의 세계관을 교육하지 못한 데 있다. 교회가 사람들에게 '하나님 나라 건설의 꿈'을 심어주지 못하고, 오히려 이 세상에서 잘 먹고 잘 사는 '행복론'을 설교했다. 그러니 그들에게 무슨 꿈이 있겠으며, 영적 전사로서 거짓된 사상과 한판 대결할 수 있는 무장을 하고 싸울 수 있겠는가?

지금이라도 우리는 '어디서 떨어졌는지를 생각하고 회개하여', 하나님께 바로 서야 한다. 미국 타임(Time)지 2009년 3월 23일에 "21세기의 대안 중에 하나는 칼빈주의"라고 했다. 지금이라도 교회는 교회 되어야 하고, 말씀을 말씀 되게 하여 참 복음을 바로 증거 하며, 사람들을 깨우자!

'파수꾼이여! 밤이 어떻게 되었느뇨?'

28.

정부 수립과 이승만의 신학

　금년 8·15는 광복 76년, 정부 수립 73주년이었다. 우리 민족사에 이보다 놀랍고 뜻깊은 일이 또 어디 있을까 싶다. 광복절은 연합국인 미국의 승리로 우리에게 거저 주신 하나님의 은총의 선물이다. 하지만 군정 3년 후에 이승만 박사가 세운 대한민국이야말로 오늘 우리나라의 근간이다. 하지만 지금의 정부는 대한민국의 탄생을 상해 임시 정부라고 둘러 대면서, 이승만 대통령이 세운 오늘의 대한민국을 평가절하 하고 있다. 자기가 태어난 생일도 모르는 자는 사생아이듯이, 오늘 한국의 지도자들은 북쪽의 명을 따라서 대한민국을 태어나지 말아야 할 국가로 치부하고 있다. 그래서인가 금년 8·15 광복절이자 정부 수립일에는 길거리에 태극기 든 사람을 잡아가는 어처구니 없는 일이 발생했다. 초대 대통령 이승만 박사는 우리나라 건국 대통령이다. 그가 만든 대한민국은 '자유 민주주의', '자유 시장 경제', '한·미 동맹', '기독교 입국론'이다. 이미 우리 국민들은 다 안다. 그러나 유독 현 정부만 역사적 사실을 깔아뭉개고 정부 수립 자체를 통제하고 있다. 그래서 나는 이쯤에서 목사로서, 교수로서 이승만의 신학 사상을 생각고자 한다.

이승만은 한성감옥에서 출소해서 미국 유학을 가기 전에 남궁혁씨 댁에서 몸과 마음을 추스렸다. 남궁혁은 조부가 평양 감사를 지낸 부유한 선비이자 신앙의 사람이었다. 그는 후일 미국에서 박사 학위를 받고, 평양신학교 초대 교수가 된 인물이다. 아마 이승만은 남궁혁의 신앙도 본받았을 것이다. 이승만은 미국으로 유학 가서 1904년 4월 23일 워싱턴 D. C.의 커버넌트 장로 교회에 출석하면서 투니스 헴린(Rev. Tuenis Hamlin) 목사로부터 세례를 받았다. 커버넌트 교회는 칼빈과 낙스와 멜빌을 잇는 스코틀랜드 정통 장로교회였다. 헴린 목사는 당시 하버드 대학교 이사장이자 죠지 워싱턴 대학의 이사였다. 이승만이 죠지 워싱턴 대학교에 공부할 때에 이 교회에서 철저한 스코틀랜드 언약도들의 신앙 곧 칼빈주의 신앙을 배웠으리라고 본다. 특히 프린스턴 대학교에 박사 학위를 공부할 즈음에 이승만은 일 년 동안 신학 공부에 주력했다. 이승만이 프린스턴에서 공부할 때 기숙사는 신학교 핫지 홀(Hodge Hall)에 기거했고, 식사는 칼빈 클럽(Calvin Club)에서 주는 식권으로 살았다. 칼빈 클럽은 칼빈의 사상을 연구하는 사람들의 모임인데 가난한 자들에게 혜택을 주었다.

그 시절에는 학문의 분화(分化)가 되지 않았던 시절이었으므로,

이승만은 프린스턴 신학교에서 1년간 공부하는 동안 당대의 프린스턴 신학의 대표적 학자인 비 비 워필드(B. B. Warfield)와 겔할더스 보스(Geerhardus Vos) 박사 아래서 공부했을 것이다. 당대의 비 비 워필드는 아브라함 카이퍼의 영향을 가장 많이 받은 세계 3대 칼빈주의 학자였다. 워필드 박사는 1902년에 교장직에서는 물러났지만, 여전히 구 프린스턴을 대표하는 교수였다. 한편 성경 신학의 아버지 보스(G. Vos) 박사는 화란 이민자로서 철저한 칼빈주의 신학자였고, 성경을 구속사적으로 보는 성경 신학(Biblical Theology)의 창시자였다. 특이한 것은 그의 아들 요하네스 겔할더스 보스(Johannes Geerhardus Vos) 목사는 만주 한인들을 위한 선교사로 한부선 목사와 함께 일본의 '신사 참배 반대 운동 500인 서명'을 주도했는데, 한부선 목사는 이 사건을 '한국의 언약도'로 명명했다. 후일 J. G. 보스 목사는 커버넌트 후예들이 세운 피츠버그에서 가까운 비버폴의 제네바 대학(Geneva College 1848)의 성경과 기독교 교육 교수를 지냈다.

이승만은 프린스턴 신학교에서 1년 동안 라틴어, 헬라어, 신학과 철학을 공부했다. 즉, 그는 그린(Green) 교수로부터 '기독교 변증학'을 배웠고, 챨스 어드만(C. Eerdman) 교수로부터 '바울 서신 연구'를 배웠다. 어드만 교수는 후일 박형룡 박사의 스승이었다. 그 후에 그는 윌슨(Willson) 총장의 사랑을 받으면서 정치학으로 철학 박사(Ph. D.) 학위를 받게 된다. 아마도 이승만 박사의 세계관은 프린스턴에서 공부하는 중 칼빈주의적 세계관을 배웠으리라

본다. 특히 프린스턴 신학교의 밀러 채플이나, 프린스턴 대학 채플에 참석하여 예배를 드렸고, 당대의 프린스턴 석학들의 설교와 강의의 영향을 고스란히 받았을 것으로 생각된다. 당시 프린스턴 신학교는 아브라함 카이퍼 영향이 가장 컸는데, 아브라함 카이퍼는 화란의 뿌라야 대학(Vrije Universiteit)를 세운 대칼빈주의 학자요, 정치가로서 화란 수상을 지냈다(1901-1905).

아마도 이승만 박사의 가슴에는 카이퍼가 꿈꾸던 이상대로 장차 조선이 독립 국가로 세워진다면 하나님 중심, 그리스도 중심, 성경 중심의 기독 입국을 하고 싶었던 것이 아닐까? 그래서 대한민국 헌법이 제정되어 대한민국을 세울 때, 이승만 박사는 먼저 이윤영 목사를 불러내어 기도하게 했다. 참으로 대한민국은 기도로 세워진 나라였다. 그래서 우남 이승만이 대통령 재임 시 토지 개혁, 군목 제도, 경목 제도 등을 만들었다. 이승만 대통령의 성경 사랑과 기도의 사람이라는 것은 익히 알려진 사실이다.

29.

순교자의 마지막 말

　기독교 역사는 순교의 역사다. 순교자의 피는 교회 성장의 씨앗이다. 예수 그리스도의 생명의 복음과 성경의 진리를 순교로 지키지 못한 교회는 희망이 없다. 기독교회는 역사의 고비마다 결정적 순간마다, 교회의 세속화와 박해 속에서도 순교로 교회의 정통성을 사수해 왔다. 순교자들이 생명의 복음을 지키고 순교의 잔을 마시기 전에 그들이 남긴 말들은 오늘을 살아가는 우리들에게 뜨거운 감동을 주고 있다.

　종교개혁의 새벽 별인 체코의 얀 후스(Jan Hus)를 생각해 보자. 그는 체코 프라하의 예루살렘 채플에서 설교하면서 "우리의 신앙과 생활의 유일한 법칙은 하나님의 말씀이다!"라고 외치다가 1415년 로마 카톨릭 교황의 지시로 화형에 처하게 되었다. 그는 장작더미에서 불길이 온몸을 덮쳐 올 때, 사랑하는 지스카(Ziska) 장군에게, "생명이 다하는 순간까지 진리를 지켜라! 지금은 거위 한 마리가 타 죽지만 장차 여기서 백조가 나오리라!" 말하고 운명했다. 그의 말대로 꼭 100년 만에 마틴 루터가 나왔다.

주기철 목사님은 일본의 신사 참배를 반대하고 순수한 성경적 신앙, 곧 오직 하나님께만 존귀와 영광을 돌려야 한다고 발을 굴리며 외치다가 감옥에 갇혀 6년의 옥고를 치르다가 순교했다. 그는 감옥에 가기 전 유묵을 남겼다. 곧 벧전 4:7-11을 쓰시면서, "만물의 마지막이 가까이 왔으니 그러므로 너희는 정신을 차리고 근신하여 기도하라"는 마지막 말을 남겼다.

한편 순교자 박관준 장로님은 통역 안이숙, 아들 박영창과 더불어 일본 중의원 참의원 개회식에 잠입해서 의장이 개회 선언을 하는 순간 회의장 2층에서 벼락같이 고함치기를 "여호와의 대명이다! 대일본 제국은 반드시 패망하리라!"고 외치면서 현수막을 늘어뜨리고, 삐라를 살포했다. 그는 살아계신 하나님의 정의를 외쳤다. 그리고 그는 현장에서 체포되어 6년의 옥살이를 하다가 순교했다. 순교하기 얼마 전에 죽을 사(死)자 열두 자를 이용해서 한시를 지었다. 그의 마지막 말은, "예수께서 날 위해 죽었으니 이제는 내가 예수를 위해 죽을 차례다!"고 외치면서 그렇게 그는 장열하게 순교했다. 참으로 멋지고 통쾌하다. 그는 의사였고 장로였는데, 일제의 신사 참배를 우상 숭배라고 질타하고, 신앙의 정조를 지킨 평신도의 대표였다.

벨기에의 귀도 더 브레스(Guido de Bres)는 일찍이 칼빈에게서 신학을 배우고, 철저한 개혁주의 신앙을 가졌는데, 그는 벨직 신앙 고백서(Belgic Confession of Faith)를 작성했다. 하지만 그것 때문에 그는 47세의 나이에, 로마 카톨릭과 정부의 합작으로 교수형을 당하고 순교의 잔을 마셨다. 그는 40세에 결혼했고 결혼 7년 만에 순교했는데, 교수형을 며칠 앞두고 감옥에서 사랑하는 아내 케더린에게 편지 한 통을 썼다. 나는 그 편지를 우리 말로 번역해서 소중히 간직하고, 강의하는 기회가 있을 때마다 읽어 주는데, 지금도 읽을 때마다 가슴이 뭉클하고 눈물이 난다.

"내가 사랑하고 우리 주 예수님에게 많은 사랑을 받은 아내에게. 당신의 고난과 고통당하는 것을 생각할 때, 나는 당신에게 이 편지를 쓰지 않을 수 없습니다. 나는 당신이 지나치게 괴로워하지 않기를 바라오. 우리가 결혼을 했을 때, 우리가 함께 할 수 있는 횟수가 많지 않을지도 모른다는 것을 우리는 이미 알고 있었소. 그러나 주님께서는 인자하시게도 우리에게 7년을 주셨습니다. 만약 주님께서 우리가 더 오랫동안 함께 살기를 바라셨다면, 주님께서는 쉽게 그리하셨겠지요. 그러나 그렇게 하는 것이 주님을 기쁘게 해드리지 않았군요. 그러니 주님의 뜻이 이루어지게 합시다. 더욱이 내가 원수의 손에 들어 간 것이 우연이 아니고, 하나님의 섭리라고 생각하시오. 이와 같은 생각이 나의 마음을 기쁘고, 평화롭게 해주니 나의 사랑하고 충실한 동반자인 당신께서도 나와 함께 기뻐하고, 좋으신 하나님께 그렇게 하시는 것에 대해서 감사하기를 간절히 바라오. 왜냐하면 하나님께서는 전적으로 선하고 의로운 일만 하시기 때문이오. 그리고 나는 당신이 주님 안에서 위로 받기를 원하오, 당신 자신과 당신이 하는 모든 일을 주님께 맡기시오. 주님은 과부의 남편이 되시고, 고아의 아버지가 되시니, 주님께서는 결코 당신을 떠나지 않으시고, 당신을 저버리지 않을 것이오. 내가 많이 사랑하는 Catherine 안녕히! 나는 나의 하나님께서 당신을 위로해 주시고, 당신으로 하여금 하나님의 뜻을 따르게 해달라고 기도하겠소. 당신의 진실한 남편 귀도 더 브레스로부터."

나는 귀도 더 브레스가 감옥에서 아내에게 보내는 마지막 편지를 읽으면서 가슴에 뜨거움과 전율을 느낀다. 그는 하나님의 영광과 주권을 위해서, 성경의 진리 파수와 주의 나라와 교회를 위해서 기꺼이 교수대의 자리에 나아갔다.

지금 한국 교회는 참으로 부끄럽다. 목회자들은 정부, 국회, 법조, 교육, 문화 등 모든 분야에, 종북 세력이 우글거려도 말 한마디 못하고 있다. 지금의 한국 교회 지도자들은 기회주의자들이다. 한국 교회가 환란을 당하고 있을 때, 가장 먼저 외쳐야 할 사람들이 목회자들이다. 그러나 오히려 목회자들이 침묵을 하고 있다. 우리는 순교는 못해도 생명을 걸고, 진리를 지키기 위해 발버둥이라도 쳐 보아야 하지 않을까!

한국 교회 목사님들이여!
설교 시간에 인문학 강의는 이제 그만하고, 번영주의 신앙은 그만 외치고, 복음과 함께 고난받으면서 순교적 각오로 진리를 파수하자!

그래야 한국 교회는 다시 살아날 것이다.

30.

스타벅스

지금 한국은 커피에 중독이 되어 있다. 직장인들은 커피 없이는 일이 안 되고, 커피 없이는 대화가 안 된다. 커피 없으면 휴식도 없단다. 길거리를 걷다 보면 젊은이들은 아예 커피 통을 들고 다닌다. 하지만 커피는 각성제인 것은 맞지만, 커피에 대한 예찬론도 많다. 그래서 서울에는 한 집 건너 한 곳에 카페가 있다.

그런데 나는 커피를 먹지 않는다. 커피를 못 먹는 것이 아니고 먹지 않는다. 그 이유는 50년 전의 추억 때문이다. 50년 전에 한국에는 커피가 생산되지 않았다. 다방이라고 해도 겨우 미군 부대의 씨레이션(전투 식량) 박스에서 흘러나온 것을 구입해서 손님들에게 맛을 보였다. 그 시절 신문에 난 사건이지만, 어느 다방 주인이 커피 원료가 떨어지자 궁여지책으로 엽연초에 쓰이는 담배를 물에 삶아서 설탕을 적절히 써서 커피라고 팔다가 덜미를 잡혀 고발

된 우스개 사건도 있었다.

그런데 나는 1970년대 초에 커피 맛도 모르던 시절에 겁 없이 화란 유학길에 올랐다. 그 나라도 커피에 찌든 나라였다. 눈만 뜨면 커피와 더불어 사는 나라였다. 그 나라의 물은 석회질이 많아서 음료로서는 불합격이었다. 그 당시 학교에서는 화란 돈 1길더(미화 50센트)만 주면, 커피 열 잔을 먹을 수 있는 티켓을 주고, 영국 차는 그 절반 값으로 열 잔을 마실 수 있었다. 나는 그 나라 사람들이 커피를 주는데로 마시고, 강의실과 도서관 길목에 카페가 있으니, 하루 평균 마시는 커피는 10잔에서 15잔을 마셔댔다. 참 무지의 소치였다. 나는 커피 맛을 안 것도 아니고, 그냥 초대하는 데로 마셨고, 누구의 도움도 없었다. 그러다가 나는 커피 병에 걸리고 말았다. 여러 날 잠을 이루지 못했고, 심장이 과도하게 빨리 뛰고, 커피를 마시지 않으면 금단 현상이 일어나고, 공부도 할 수가 없었다. 나중에 안 일이지만 그 나라 사람들은 오전 10시에 커피 한 잔 먹고, 오후에는 티를 마시는 것을 알았다. 그래서 나는 그때부터 커피를 마시지 않기로 했다. 그런데 커피 가게를 지나만 가도 가슴이 두근거리는 현상이 나타났다. 그래서 지금은 커피를 못 마시는 것이 아니고 안마신다. 물론 커피를 누가 대접하면 적절히 마시지만, 내 스스로 커피를 사서 마시지 않는 것은 과거의 트라우마 때문이었다.

그런데 수년 전에 미국 서부의 아름다운 도시 씨에틀(Seattle)에 있는 어시장 통 코너에 스타벅스 1호점이 있다는 것을 알고, 내 제자와 함께 거기서 커피 한 잔을 맛보았다. 스타벅스 커피숍은 전 세계 없는 곳이 없고, 한국에는 건너뛰기 좋을 만큼 모든 건물의 코너에는 스타벅스 커피숍이 있다고 보면 된다. 요즘은 이름도 잘 모르고 혀도 잘 돌아가지 않는 수많은 카페가 여기저기 우후죽순처럼 생겨나고 있다. 또 요즘 청년들은 집이나 도서관에서 공부하기보다는 스타벅스 같은 카페에서 커피 향을 맡으면서 음악을 들으면서 컴퓨터 작업을 해야 잘 된단다.

그런데 이런 수많은 카페에서 사람들이 접촉해도, 코로나19와는 관계가 없는지 잘 모르겠다. 가령 어느 스타벅스 커피숍에서 코로나19 확진 자가 나온다면 어찌되는가? 일단 그 지점에 방역 수칙이 잘 되었는지 점검하고, 1주 또는 2주 폐쇄하고, 철저히 소독하고, 다시 제게 하는 것이 기본이다. 서울 종로 스타벅스에 코로나19 확진자가 나왔다고, 부산이나, 대구나, 광주의 스타벅스 지점이 문을 닫는 일은 없다. 그런데 희한하게도 정부는 말도 안 되는 '교회 발', '광화문 교회 발'을 들먹이면서, 코로나19 확진 자 수를 들먹이고, 교회 예배를 금지하고, 비대면으로 예배를 하라고 명령까지 하고, 위반시에는 벌금을 물리고 법적으로 조치한단다. 정말 소가 웃을 일이다. 가령 어느 교회가 방역 수칙을 소홀히 해서 확진자가 나오면, 그 교회만 2주간 폐쇄하고, 벌금 물릴 일이 있으면 벌금을 물리면 되고, 99.9%의 교회들은 철저한 방역 수칙을 지키며, 전과 같이 대면 예배하는 것이 맞다. 일주일에 한 번 드리는 예배조차 없애기 위해, 당국의 독기를 품은 과잉 대처는 도대체 어디서 온 것일까?

그것은 정부가 교회를 볼 때, 그들의 정책에 교회가 정부에 껄끄러운 걸림돌이 된다고 판단을 하는 모양이다. 그래서 교회를 길들이고, 목사들의 입에 재갈을 물리기 위한 고도의 수작을 부리고 있는 것이다. 아니 음악 콘서트는 5,000명까지 되고 교회 예배는 폐쇄라니…그러니 교회의 지도자를 살인자로 매도한 그자에게는 역사의 심판이 분명히 있을 것이다.

이 정부는 교회를 스타벅스 커피숍보다 낮게 취급하는 모양이다. 참 서글픈 것은 여당 국회 의원들이 '예배 폐쇄', '교회 폐쇄' 법안을 만들고, 약 50여 명이 법안 발의에 동참했다고 한다. 그 명단이 이미 공개적으로 백일천하에 드러났으니, 이자들에게는 다음 선거 때는 표를 주지 말아야 한다. 그리고 '예배 폐쇄', '교회 폐쇄'를 법안으로 만들려는 그들의 숨은 비리를 조사하고, 이자들의 배후를 철저히 추적하여, 사회주의적, 공산주의적 기독교 탄압에 대한 범 교회적 대안을 세워야 한다.

스타벅스 한 곳에 확진자가 생겼다고 해서 모든 스타벅스 카페가 문 닫는 일은 없다. 그런데 종교의 자유가 보장되어 있는 자유민주주의 국가에서, 어찌 교회와 예배가 제한되고 폐쇄되고 있는지 참으로 아이러니하다.

31.

아름다운 퇴장

독일의 앙겔라 메르켈(Angela Merkel) 총리가 떠났다. 메르켈 총리는 기독교 민주당(기민당)의 당수 자리도 내어놓고 아름답게 퇴장했다. 메르켈 총리가 아름답게 떠난 것은, 그의 진실한 삶이 대변하고 있다. 그녀는 검소하고, 원칙주의자였고, 헌법수호자로 말 그대로 법과 양심을 따라서 강대국 독일을 이끌어 왔기 때문이다. 그녀가 퇴임하는 날 요란한 퇴임 의식도 없었다. 동원된 군중도 없었고, 화려한 의장대도 없었지만, 그녀가 지나가는 모든 거리에서는 발코니와 길가던 사람들이 여성 총리 메르켈에게 뜨거운 감사와 위로와 격려의 박수를 약 6분 동안 계속 쳤다고 한다. 정말 아름답고 멋졌다. 그녀는 또 더 이상 정치를 않겠다고 선언했다. 독일 국민들은 메르켈 총리의 아름다운 삶과 헌신과 봉사, 그리고 사랑을 잘 알고 있었다.

그녀는 동독의 목사의 딸로 태어나서 하나님의 말씀인 성경의 진리를 배웠고, 불우한 이웃을 사랑하는 법을 알게 되었다. 서로 용서하고, 관용하고, 절제할 줄 아는 사람이었다. 그녀는 가난해서 부모로부터 홈 스쿨링을 했고, 대학에 가서는 물리학과 화학을 전공해서, 한때 화학과 관련된 직업을 갖기도 했다. 그는 정치에 입문하는 필수 전공인 법학이나, 정치학, 경제학을 공부하지 않는 그저 진실한 과학도였다. 그런데 메르켈은 기독교 민주당의 총재가 되어 수상의 자리에서 18년 동안, 극우파와 극좌파의 공격을 너끈히 막아내고 장수 총리가 되었다. 그녀가 떠날 때는 미련 없이 뒤돌아보지 않고, 아름답게 퇴장했다.

메르켈은 수상으로 18년 재임 중에도, 정치를 시작할 때 살던 그 아파트 그대로였다. 그리고 가정에는 도우미도 없이 손수 빨래를 했다고 한다. 기자 회견에서 어느 기자가 곤혹한 질문을 던졌다. "총리께서는 왜 맨날 같은 옷을 입나요?" 했더니, 메르켈 총리는 "나는 패션 모델이 아니고, 이 나라에 공무원입니다!"라고 대답했단다. 메르켈은 선출직 공무원인 총리지만 자신의 권리를 쓰지 않고, 허세를 부리거나, 자기를 위장하지도 않았고, 겸손하게 그리스도인으로 순결과 진실을 지키면서 국가의 공복으로 살았다. 메르켈 총리 때문에 본인이나 가족이 이득 보는 것은 전혀 없었다.

나는 이 사실을 보고 오늘의 한국 정치를 참으로 부끄럽게 생각하고 있다. 우리나라 대통령들은 한결같이 부끄러운 퇴장이었다.

그래서 자살하거나, 감옥에 간 사람들이 많았다. 재임 중의 대통령은 벌써 지방에다 국가 돈으로 엄청난 땅을 사서 아방궁을 짓는 공사를 해왔다. 퇴임 후에도 여전히 영향력을 행사해서 상왕 노릇을 하려는 꼼수를 부리고 있다. 재임 중에는 온갖 불법, 탈법, 편법을 사용해서 국민들의 가슴에 대못을 박고, 친척, 가족들이 재임 시에 한몫을 챙기고, 자신을 지지하는 사람들에게만 특혜를 주는 불법이 성행했었다. 얼마 전에 대통령이 말하기를 "내가 퇴임하면 나를 잊어달라"고 했단다. 그랬더니 어느 논객이 유튜브에서 말하기를 "천만에 그럴 수는 없지요!"라고 했다. 끝까지 나라를 거덜 낸 것에 대해 책임을 묻고, 당연히 받아야 할 죗값을 받고 감옥에 가는 것이 옳다고 했다.

아름다운 퇴장은 평소에 깨끗하게 법과 양심에 따라 헌법 정신으로 살아야지, 국민의 가슴에 수십 개의 대못을 박고, 잊어달라고? 조용한 퇴임은 가당치 않다는 것이다. 이것이 어디 대통령뿐이랴! 장차관, 고급 공무원, 국회 의원들, 기관장들이 내려올 때는 제발 국민들이 너무 아쉬워서 격려의 박수를 받고 떠났으면 한다. 사실 산에 오르는 것보다 내려오는 것이 더 힘들다는 말이 있다. 모든 사람은 자리를 내려 올 때는 더 섭섭하다. 세상의 모든 자리는 하나님께서 맡겨주신 청지기 직분이다. 인사권과 재정권을 가진 자리는 100% 부패하기 쉽다. 부패의 관행이 일상이 되어진 나라는 희망이 없다. 옛날에도 부패한 관리가 많았지만, 청빈한 관리들도 있었다. 부패한 관리들은 자기가 퇴임한 후를 미리 생각해서 비자금 조성을 해 왔다면 참 부끄러운 퇴장이다. 기업 하는 사람도 그렇다. 기업을 대물림 하려고 심지어 세 살 박이 손주에게도 엄청난 주식을 나누어 주는 것은 기업 윤리에도 맞지 않다. 그래서 요즘 한국 드라마의 주제는 돈과 명예를 추구하는 자들의 암투와 복수가 주제인 것 같다.

교회는 어떤가? 대형 교회는 아들에게 물려주기 위해 편법으로, 당회장 목사를 세습했다면 그것 또한 부끄러운 퇴장이다. 물론 평생을 눈물과 땀을 바쳐 일구어 놓은 교회를 놓기 싫기도 하고, 이것을 어떻게 세운 교회인데 하고 미련이 남아 돈과 명예를 놓지 않으려고 하다가 참으로 부끄러운 퇴장을 하고 역사에 묻혀 버린 경우가 많다. 다시 한번 우리는 독일의 메르켈 전 총리를 생각한다. 연도와 아파트 발코니에서 6분 동안 박수를 받으며 떠나는 아름다운 빈손, 아름다운 퇴장을 우리나라에도 기대해 볼 수 있을는지…

종교 개혁자 마틴 루터(Martin Luther)를 낸 나라, 히틀러를 낸 것을 부끄러워하는 나라, 18년 동 안 통일 독일을 이끌며 강대국 독일을 지도하다가 아름다운 퇴장을 할 줄 아는 메르켈 전 총리가 있는 나라! 역시 독일은 독일이었다!

대한민국은 박정희 대통령의 결단으로 독일에 광부와 간호사를 보내어 경제를 일으켰다. … 그것을 계기로 한국은 다시 일어섰다. 그리고 최근에 우리나라는 경제 대국이 되었다. 하지만 아직도 우리의 국민의식, 민도는 한참이나 뒤떨어져 있다. 우리에게도 메르켈 총리 같은 지도자가 있어야 통일 한국이 가능할 것이다.

2부

01.

세계관 전쟁

전쟁에도 여러 가지가 있다. 옛날에는 땅 뺏기 전쟁이었지만, 그 후에는 아편 전쟁, 경제 전쟁, 무역 전쟁, 무기 전쟁, 이념 전쟁, 종교 전쟁 등이 있었다. 그중에 나는 오늘날의 세계관 전쟁을 생각해 보고 싶다.

사실 세계관(世界觀)이란 단어는 영어에는 아예 없다. 그래서 말을 만들어서 World View라고 쓰고 있다. 하지만 독일어로는 세계관을 Weltanschauung라고 하고, 화란어는 Wereldbeschouwing라 한다. 세계관이란, 다른 게 아니고 말 그대로 '세상을 보는 안목이요, 전제'이기도 하다. 가령 예를 들어, 어떤 사람은 병이 나면 무당을 불러서 굿을 하는가 하면, 다른 어떤 사람은 병이 나면 병원에 가서 의사의 진단을 받고 치료를 한다. 이 둘의 차이는 결국 세계관의 차이다. 전자의 사람은 질병이 몹쓸 귀신이 들려서 되었다고 생각하고, 후자의 사람은 질병이란 인간에게 늘 있게 마련이기에 의사를 찾아가서 수술을 받거나 치료해서 낫는다는 생각을 갖고 있는 것이다.

그러므로 세계관이란, 어떤 사람이 인생을 살아가는데 있어서 기본적 전제라고 할 수 있다. 이런 기본적 입장의 세계관은 개인생활은 물론, 문화, 사회, 정치와 학문과 예술의 방향을 결정한다. 그런데 세계관은 그 민족이 가지고 있는 기후, 토양, 문화, 역사, 종교, 정치 등 다양한 조건 위에 만들어지기도 한다. 한국 사람과 일본 사람이 다르고, 미국 사람과 한국 사람은 다르다. 그런데 그 차이는 피부나 머리 색깔이 아니고, 세계관의 차이다. 그 세계관의 차이가 삶의 모든 영역에 열매로 나타난다. 이처럼 세계관은 실로 우리 삶의 모든 영역에 미친다. 일본이 국가주의 세계관이라면, 미국인들은 개인주의적 세계관이다.

그렇다면 한국인의 세계관은 어떨까?
한마디로 말하기는 어렵지만, 한국인의 세계관은 유교적 세계관, 불교적 윤회 사상, 유물주의 세계관과 인본주의 세계관이 혼존하는 듯 하다. 그러므로 오늘의 한국 사회와 정치의 혼미는 세계관의 혼돈에서부터 나온 것이라고 해도 좋을 듯싶다. 개인이나 민족을 막론하고, 어떤 세계관을 갖고 있는가는 참으로 중요하다. 왜냐하면 세계관은 그 문화의 역사적 발전과 쇠퇴에 직·간접으로 불가분의 관계에 놓여있기 때문이다. 그래서 세계관이란 인생관과 같은 뜻으로 쓰이기도 한다.

아브라함 카이퍼(A. Kuyper) 박사는 1898년 미국 프린스톤 대학에서 '스톤 렉쳐'라는 특강을 통해 '칼빈주의'를 말하면서 세계관이란 말을 사용했다. 그는 "두 개의 세계관이 생사를 겨루는 격전장에서 서로 싸우고 있다"라고 했다. 그러면서 오늘날은 사람들이 인간 중심주의 세계관을 세우나, 그리스도인은 하나님 중심 세계관을 갖는다고 했다. 그는 더욱 적극적으로 말하기를 "이 세상에는 '중생자의 세계관'과 '비중생자의 세계관'이 있다"고 했다. 중생하지 못한 자연적 인생은 언제나 자기 자신이 하나님이 되어 판단 기준이 되고, 자기에 유익하면 정의이고 진리로 본다. 그러니 중생되지 못한 인간은 상대적으로 인본주의적 사상 체계를 가질 수밖에 없다. 그래서 복음의 능력과 성령의 능력으로 인간이 중생의 체험을 갖지 않으면 옛 세계관의 사람으로 살아간다.

중생의 체험을 가진 사람의 세계관은 새로운 것이어서, 세상과 우주와 역사와 인생을 보는 새로운 눈이 열린다. 그래서 중생자의 세계관으로 펼쳐지는 교회와 정치, 경제, 사회, 문화, 역사라야 세상을 새롭게 할 수 있다. 새로운 세상은 낡아빠지고 타락한 이성과 타락한 양심의 소유자가 만들 수는 없다. 새로운 세계관 곧 중생자의 세계관을 가져야 세상이 보이고, 우주가 보이고, 역사가 보이고, 인생과 문화와 예술이 보인다.

우리는 거대한 세계관 전쟁, 그것을 영적 전쟁이라고 해도 좋다. 교회가 무엇인가? 교회는 영혼 구원이 일차 목표이지만, 구속받은 성도들을 통해 이 땅에 하나님의 나라를 세우는 일이다. 그러므로 하나님의 나라를 세우는 자는 얼치기 신자로는 안 된다. 또한 하나님의 나라를 이 땅에 건설하려면 성경에 도사인 탁월한 크리스천만이 할 수 있다. 인본주의자나 불신앙자들은 결코 할 수 없다. 어림도 없다. 사탄의 전략은 우리보다 훨씬 우월하다. 사회주의, 공산주의 세계관을 가진 자들이 지난 수십 년 동안 이 땅을 병들게 했다.

교회는 세계관 전쟁의 중심이다. 교회는 기독교적 세계관의 전사를 기르는 장소이다. 지금 한국은 중생하지 못한 인본주의, 유물주의 세계관을 가진 자들이 삶의 모든 영역에 진을 치고, 권력을 잡고 나라를 이끌어 가고 있다. 그럼에도 목사님들은 어찌해서 인본주의 세계관에 함몰되어 이 세상에서 행복하게 사는 방법만을 설교하고, 노래하고 있는지 모르겠다.

두 세계관이 삶의 전투장에서 격한 전쟁을 벌이고 있다. 우리는 깨어서 확실하게 '하나님 중심 세계관'으로 이 땅에 젊은이들을 교육하고 새로운 정치, 새로운 문화를 꽃피워야 할 것이다.

02.

언약의 말씀이 희망이다.

　　필자가 새해에 칼럼을 구상하고 있을 때, 카톡으로 메시지가 날아왔다. 이 글을 쓰신 분은 기독 화가이자, 수필가요, 장로이자, 목사인 황학만 목사이다. 기독 화가로서 황학만 화백과 나는 약 56년간 주 안에서 함께 하고 있다. 그때 나는 박윤선 목사님이 60년 전에 세운 동산교회의 전도사였고, 그는 고등부 학생이었다. 그는 중앙대 예술대학 미술과를 졸업하고, 평생을 기독 화가로서 예수 그리스도의 고난과 십자가와 부활을 캔버스에 담아내는 독특한 화가로서 외길을 걸어왔다. 그의 그림을 보고 있으면 한편의 설교를 듣는 듯했다. 그는 칼빈주의적 미술가로서 칼빈주의 C-Story 운동의 멤버로 지금까지 나와 함께하고 있다. 그래서 오늘은 그의 허락을 받아서 내 칼럼난에 그의 칼럼을 전제하기로 했다.

　　TV에서 영화 한 편을 보았는데, 주제와는 아무 관계 없는 대화한 장면이 인상적이었습니다. 역사책을 보던 소녀가 물었습니다.

"아저씨, 첩이 뭐예요? 아내 같은 거예요?"

"그건 왜 묻니?"

"중국 황제는 첩이 천 명이었대요."

"지금은 한 남자와 한 여자가 결혼해서 살지만, 그때는 그런 문화가 황실에 있었어. 왜, 황제가 불쌍하니?"

"네~, 엄마 같은 여자를 천 명이나 데리고 살아서 불쌍해요."

문득 솔로몬이 떠올랐습니다. 하나님께 일 천 번제를 드렸던 그가, 그 숫자만큼 후궁과 첩을 두었었기 때문입니다. 그들은 이스라엘의 주변국 여인들로서 바로의 딸을 비롯해서 '모압', '암몬', '에돔', '시돈', '헷' 사람이었습니다. 솔로몬은 그녀들이 살던 나라에서 섬기던 '아스다롯', '밀곰', '그모스', '몰렉' 신들에게 제사할 수 있도록 예루살렘 앞산에 산당을 지어주었고, 그녀들이 낳은 왕자들을 산채로 불에 태우는 제사로 감람산에는 요란한 북소리와 검은 연기가 끊일 날이 없었습니다. 그가 그 지경에 이르기까지 여인들의 등쌀에 얼마나 시달렸으면, '다투는 아내는 비 오는 날에 이어 떨어지는 물방울'이라고 했을까. 결국에는 나라가 두 쪽이 나더니 성전은 훼파되고 모두 멸망했습니다. 그리고 70년이 지나 귀환했던 '남 유다'는, 더는 이스라엘이 아니라 '유대'입니다. 이스라엘 이름이 사라지고, 훼파된 성전에서 '언약궤'를 도둑맞은 그곳은, 하나님의 영이 떠난 땅입니다. 4세기가 지나는 동안 페르시아, 헬라, 로마가 짓밟고 지나간 참담했던 시대가 그 증거입니다. 그리고는 오늘날의 교회들이 생각났습니다.

유럽의 교회는 이미 중세기 때 고목(枯木)이 되었던 터라 말할 것도 없고, 오늘날의 교회라고 하자면 미국과 한국의 교회입니다. 신앙의 자유를 찾아 어둠의 대륙을 개척해서, 세계 선교를 주도하고 부국강병을 과시하던 미국은 솔로몬 때와도 같습니다. 그렇듯 흑암에 싸여있던 조국 땅은 일제의 억압을 지나 민족 상쟁으로 초토화되었어도, 폐허를 딛고 굳건히 일어서서 미국에 이어 두 번째 선교 국이 되며 국가 경제는 열강의 반열에 올랐습니다. 일제 치하에서 그리스도인들의 백만인 구령(救靈) 운동은 솔로몬의 일 천 번제입니다. 전국 방방곡곡에 교회가 세워지고, 전쟁으로 폐허가 된 땅 위에 또다시 교회를 세웠습니다. 그러는 사이에 교회는 천 개 얼굴을 한 세상을 첩으로 품었던 탓일까? 미국만이 아닙니다. 조국의 십자가 첨탑은, 불어 닥친 '코로나' 바이러스의 삭풍에 무성하던 잎을 떨구며 나목(裸木)이 되어가다니, 아마도 그 현상은 종말의 전조일 겁니다. '할 수 있거든이 무슨 말이냐' 부르짖던 긍정의 믿음, 조국 복음화를 위해 그리스도인들이 먼저 잘되고 잘 살아야 한다는 번영의 복음, 예수의 리더십을 복음인양 전파하던 기업 전도, 새해 운수를 점치듯 골라 뽑는 '하나님의 말씀 뽑기' 등 그뿐이 아니었습니다. 교회 일치 운동, 사회 복음, 민중 신학, 해방 신학, 퀴어 신학, 여성 신학 등, 온갖 신앙 양태를 끌어안더니만, 코로나 삭풍이 들이닥칠 줄 몰랐던가? 엄마 같은 여자를 천명이나 품고 살았으니, 황제가 불쌍하다는 소녀의 말이 귓전에 남았던 이유입니다.

그럼에도 우리는, 새해가 될 때마다 더 나아질 것이라는 희망의 메시지를 복음으로 포장해서 선포했습니다. 그렇듯 세상에서 흘러들어온 암묵적 낙관론은 교회에서도 새해의 인사말이 된지 오랩니다. 그러나 그렇게 하지 않아도 희망이 있습니다. 정말입니다. 하나님께서 유대를 배역의 땅으로 되돌려 보내어 400년 고난의 세월을 허락하신 이유가, 자기 백성을 구원할 메시아를 보내시기 위한 하나님의 은총이었기 때문입니다. 부활의 첫 열매가 되신 예수께서 세상 끝 날에 다시 오실 것을 약속하셨습니다. 세상이 불의와 죄악이 만연하고 참담한 지경에 이르는 그때 말입니다. 그때까지 더욱 격심해질 고난이 도리어 희망이라는 역설의 복음입니다.

폐허에 드러누워 온몸을 긁던 이가 '욥'이었다면, 그의 참담한 몰골은 우리의 희망으로써 우리의 표상입니다. 의인이라 찬사받던 욥이 그러한 고통과 절망 가운데서 회개했듯이, 귀로만 듣던 주를 눈으로 뵈올 수 있는 길은, 금이라 해도 제련을 거친 정금(正金)이어야 하기 때문입니다. 설사 우리가 사망의 음침한 골짜기를 지나게 된다 해도, 세상 끝날까지 너희를 떠나지 않겠다는 변치 않는 언약의 그 말씀. 그 말씀을 잊지 않는 한 올해도 희망찬 한 해를 보내게 될 것입니다.

새해 아침에.

03.

선교는 순교다
'고(故) 김영화 선교사를 기리며'

아르헨티나에서 40여 년간 빈민굴에서, 가난과 마약과 알콜 중독으로 소외된 지역에서 생명 바쳐 일하던 김영화 선교사가 코로나19로 숨졌다. 그는 GMS 선교사로 가장 열정적이고, 치열하게 일하던 선교사였으므로 더욱 안타깝다. 그보다 1주일 전에 그의 부인 고정옥 사모도 코로나로 양쪽 폐가 다 망가져서 목숨을 잃었다. 선교사는 선교지에서 죽는 것이 영광이라지만, 그의 갑작스런 죽음 앞에 우리는 할 말을 잃었다. 선교는 순교할 각오 없이는 할 수 없는 일이다. 그러니 선교는 곧 순교라고 말해도 좋을 듯싶다.

나는 전 세계에 수많은 제자들이 선교사로 나가 있음을 늘 자랑스럽게 생각한다. 그것 또한 하나님 앞에 감사할 일이다. 첫 번 선교사인 사도 바울처럼 언어와 풍속과 문화가 다른 지역에 예수 그리스도의 생명의 복음을 증거 하는 것은 생명을 담보로 한 거대한 영적 전사로 최전선에 서 있는 셈이다.

나는 50년 전에 금세기의 탁월한 선교 학자들 밑에서 공부해봤지만, 선교사로서의 소명은 없었기에 선교사들을 키우고 양육하면서 선교사들의 가슴에 불을 지르는 일을 해 왔다. 그래서 나는 오대양 육대주에 여러 선교지를 직접 방문하고 선교사들을 위로하며 격려를 했다. 그 중에서도 나는 아르헨티나의 김영화 선교사의 선교지를 두 차례나 방문하고 현지 교회에 집회를 인도하기도 했다. 그런데 김영화 선교사는 좀 특이한 분이었다. 그는 일찍이 아르헨티나에 이민을 했고, 교육을 받았음으로 제대로 신학 공부를 해서 카톨릭 국가인 아르헨티나에서 선교 사역을 하기로 마음먹었다. 1980년 내가 총신대 학장(총장)으로 있을 때, 미국 L.A에 있는 미주 대회 신학대학에서 공부하던 김영화를 만났다. 그때 나는 그에게 "여기서 공부하지 말고, 귀국해서 총신대학교 신학대학원으로 오면 장학금을 주겠다"고 하여 총신으로 불러내었다.

김영화는 참으로 달란트가 많은 사람이었다. 그래서 그는 목사가 되어 선교지 아르헨티나로 파송되었다. 스페인어에 자신이 있었고, 특히 그의 주특기인 카우보이 모자를 둘러쓰고 통기타를 연주하면서 부르는 스페인의 전통 가요와 찬양은 듣는 이들의 혼을 빼버린다. 그뿐 아니라, 대광고등학교에서 배운 실력, 한양대학교 시절에 연극반에서 활동하던 끼를 충분히 발휘해서 선교 현지에서나 한국에 일시 귀국했을 때 그는 천상 대중을 사로잡는 복음 전도자였다.

　나는 김영화 선교사의 선교 현지를 보면서 너무너무 놀랐다. 그는 수도 부에노스 아이레스에서 엄청 멀리 떨어진 가장 취약하고 가난하고 알콜 중독자와 마약 중독자들이 우글거리는 인간 쓰레기장 같은 곳에 선교지를 선택했다. 거기는 해충과 독사가 우글거리고, 말을 타고 다녀야 할 그곳에 복음의 닻을 내렸다. 선교 센터를 지어 아무도 시도하지 못한 FM 스페인어 방송국을 만들어 가시권 1,000만 명에 100만 명이 청취하는 방송국으로 그 주변을 찬양과 복음으로 변화시키는 일을 했다. 특히 가난한 자들을 위한 무료 급식소는 말할 것도 없고, 알콜에 찌들고 폭력과 도적질에 길들여진 사람들을 예수 그리스도의 사람으로 만들었고, 교도소 전도와 그 나라 사람들은 꿈도 못 꾸는 재활 치료 전도를 하고 있었다.

　김영화 선교사는 말 그대로 '영화 같은 선교사'이다. 그는 2년에 한 번 정도는 꼭 한국을 방문하였다. 한국 방문을 앞두고는 그는 반드시 내게 전화를 했고, 도착하면 제일 먼저 내게 와서 선교 보고를 하고 기도를 받고 갔다. 김영화 선교사는 사실 변변한 선교 후원 교회도 없었으나, 홀로 사신 어머님이 전 재산을 아들의 선교 사역을 위해 온전히 바쳤다. 그래서 여러 해 전에 나는 그를 연세대학교에서 수여하는 언더우드상을 받는데 적극 추천을 했었고, 수상하는 날 나는 친히 가서 축하도 해 주었다.
　김영화 선교사는 멋진 선교사이다. 그는 방송 선교에서나 현지인들을 가르칠 때도 늘 칼빈주의 사상을 교육시켜, 로마 카톨릭 주의를 교정하려고 애썼다. 늘 그의 외침은 이렇다. "비바 아르헨티나! 비바 코리아! 비바 크리스토스!" 그는 어떤 단체장을 만나든지 사무실에 입장을 할 때마다 미친 사람처럼 "아르헨티나 만세! 코리아 만세! 그리스도 만세!"를 외쳤다. 그래서 그는 그 도시에서 주는 자랑스런 시민상을 받았고 대통령의 초대까지 받았다.

우리나라도 130여 년 전에는 술에 찌들고, 담배에 찌들고, 노름에 찌든, 가난하고 소망 없는 나라였는데, 서양 선교사들이 들어와서 복음 곧 예수 그리스도를, 한국 땅에 심음으로 오늘의 세계 10대 강국이 될 수 있었다. 복음의 힘은 놀랍다. 복음은 사람도 바꾸고, 사회도 바꾸고, 국가도 바꾸었다. 그런데 지금 공산주의자들은 예수 그리스도의 복음 운동을 못하도록 교회를 방해하고 있다.

그리운 김영화 선교사, 영화 같은 사나이, 영화 같은 선교사, 영화같이 복음을 위해 살다간 김영화 선교사가 참으로 그립다.

선교는 순교니까...

04.

밤중의 노래

　우리나라에는 동네마다 노래방이란 것이 있다. 나는 노래방에 한 번도 가본 일은 없지만, 우리나라 사람은 노래 잘하는 특별한 민족이다. K-POP이 전 세계 젊은이들을 들뜨게 만들고, BTS를 비롯해서 젊은이들이 만든 합창단이 세계의 정상에 섰다. TV에서는 밤낮없이 트로트 가수가 노래를 부르고, 젊은이, 늙은이 할 것 없이 꿈이 가수가 되는 것이란 사람이 엄청나게 많다. 그리고 수많은 무명의 가수들이 중앙 무대에 진출하려고 평생을 고생하고 있다.
　그런가 하면 세계적인 유명한 음악가 중에는 우리나라 사람들이 참으로 많다. 지휘자, 성악가, 피아노, 바이올린, 첼로 등 너무나 잘 알려진 인물들이 유럽과 미국에서 활동하고 있다. 그만큼 우리 민족은 음악의 천재적 재능도 많지만, 극성스런 엄마들의 조기교육의 덕을 톡톡히 보아왔다.
　한국에서 음악을 공부한 사람은 기본적으로 미국, 독일, 이탈리아 등에 유학하는 것은 기본이다. 거기서 6-7년 동안 뼈를 깎는 훈련으로 세계적인 인물들이 나온다. 하지만 유학을 간다고 모두 세계적인 인물이 되는 것은 아니다. 현실은 어느 분야에서든지 사람들은 일등만 알아주지 2등, 3등은 아무도 기억도 해주지 않고, 그냥 평범하게 사는 사람들이 참으로 많다. 필자는 30년 전에 독일의 뮌헨(München)에 있는 한인 교회에 집회를 갔었는데 찬양대가 하도 잘하길래 그곳 담임 목사님께 여쭈어봤더니, 그 교회는 찬양대원 전부가 음악전공자라는 말을 듣고 깜짝 놀랐던 적이 있다.

나는 음악을 모르고 노래를 잘 부르지 못하지만, 해외 여러 나라에 집회를 할 때마다 꼭 한 번씩 독창으로 찬송을 부르곤 했다. 아무래도 영적으로 교감과 공감을 위해서는 찬송보다 더 좋은 것이 없기 때문이다. 또 나는 음악을 배운 일은 없지만 교회사와 교회음악은 서로 연결되기에, 내가 경영하는 '칼빈 박물관'에는 베토벤, 하이든, 모차르트, 베버 같은 대가들의 육필 원본 악보도 가지고 있다.

따지고 보면 세상의 모든 민족은 그들 나름대로 민속 노래가 있다. 우리나라의 국악은 말할 것도 없고, 각각 민족 고유의 노래가 있다. 거기에는 슬픔과 기쁨, 사랑과 희망, 고독 등 모든 것을 노래로 풀어내는 것을 볼 수 있다. 전에 아프리카 우간다에서 선교하던 김성환, 박 마리아 선교사가 아프리카에 음악대학을 설립해서 선교에 큰 효과를 거두었고, 한국에 와서 공연했을 때, 나는 두 번이나 그들을 초청해서 공연을 봤는데 참으로 좋았다.

노래는 슬플 때나 기쁠 때나 우리에게 큰 위로와 용기를 준다.

또 노래가 개인과 세상을 바꾸는 경우도 있다. 우리가 나라를 잃었을 때 불렀던 아리랑과 애국가는 식민지 시대에도 우리의 마음을 하나로 묶는 노래였다. 구약에 다윗은 음악가였다. 그 옛날 성전에는 합창단이 있었고, 시편에 '영장'이란 말은 오늘로 치면 찬양대 대장에 해당한다.

그런데 성경에는 '밤중에 노래'를 부른 이도 있다. 구약 성경 가운데 욥은 당대의 거부였고 경건한 인물이었다. 하지만 이유 없이 한순간에 10명의 자녀들이 사고로 다 죽고, 재산은 전부 없어지고, 한순간에 알거지가 되었다. 거기다가 자신은 지독한 피부병에 걸려 잿더미 가운데서 기왓장으로 상처를 긁는 참으로 처참한 인간이 되었다. 거기다가 평생을 함께 한 할망구는 위로는커녕, 하나님을 욕하고 차라리 죽으라고 저주를 퍼부었다. 또한 한때 단짝 친구들이 욥을 찾아왔는데, 그들은 위로는커녕, 도리어 욥의 속을 뒤집어 놓으면서, 죄지은 일이 없이 어찌 그런 고난과 고통을 당하겠느냐며 속을 긁었다. 그러면서 하는 말이 '밤중에 노래'를 주시는 하나님은 어디 있느냐고 조롱했다. 사실 욥은 앞이 보이지 않는 칠흑 같은 어두움 속에 있었다. 하지만 욥은 '밤중에 노래'를 주시는 하나님이 계심을 분명히 알고 있었기에 그는 끝까지 신앙의 절개를 지켰다.

지금 한국 교회는 영적으로 밤을 맞고 있다. 정부가 코로나19를 핑계로 목사들의 입을 틀어막고, 찬양대의 찬양을 금지하고, 성도들의 입을 마스크로 막고 여차하면 방역법으로 교회를 폐쇄하겠다고 위협을 가하고, 끝까지 대면 예배를 사수했던 교회를 폐쇄 조치하고 있다. 지금 한국 교회는 생명처럼 여기는 예배를 정상적으로 드리지 못하고 있다. 그 결과 믿음 약한 성도들은 다 떨어져 나가고 있다. 밤이 깊으니 나가야 할 출구가 보이지 않고, 모든 사람의 입을 방역법과 행정법으로 틀어막았으니, 어디에도 들리는 소리가 없다. 모든 사람들이 정지 상태에 있다. 하지만 하나님이 하시는 일은 여전히 정지되지 않고 있다.

지금 한국과 한국 교회는 욥이 겪었던 캄캄한 밤중에 있다. 그래도 우리가 할 수 있는 일이 있다. 그것은 '밤중의 노래'이다. 물론 밤중의 노래를 부르면 미친놈 소리를 듣기에 꼭 알맞다. 밤중에 노래를 부르면 안면방해가 될 것이고, 당국에 신고가 들어갈 수 있다. 하지만 영적으로 캄캄한 밤에도 역사의 주관자 되시는 창조주요, 구속주요, 심판주 하나님을 소리 높여 찬양해야 한다. 아침이 오나니 밤도 오리라, 밤이 오리니 아침도 올 것이다!

이 영적으로 캄캄한 밤에 역사의 키를 잡고 계신 하나님께 구원의 감격과 위대하신 창조주 하나님을 노래하자. 우리 모두 이 영적 암흑기에 하나님께 노래를 부르자. 안면방해가 되고, 고발될지도 모르지만…

05.

'인권(人權)'과 '주권(主權)'

오늘날 한국 사회와 정치의 화두는 '인권'이다. 그래서 '여성 인권', '인권 사각지대'란 말도 있고, '인권 변호사'라는 말도 있다. 우리나라는 인권이란 말로 지경을 넓혀 세력을 크게 만들어 정권도 창출하고 대통령들이 되었다. 급기야 지금의 정부 또한 '국가 인권 위원회'라는 우산 아래 정치, 경제, 사회, 문화, 예술, 군사, 종교를 두고 그것을 국민 통제의 수단으로 삼고 있다. 그래서 정부는 입만 열면 '인권'이니, '평등'이란 말을 앞세워 한국 사회의 기막힌 이데올로기를 만들어냈다. 그러니 인권은 이 정부의 알파와 오메가인 셈이다.

물론 '인권' 문제는 미국을 비롯해 세계적인 문제인 것은 맞다. 인권이란, 말 그대로 인간이 누려야 할 기본 권리이다. 그런데 인권이란 말의 뜻은, 이 세상에서 인간이 바로 주인이며 인간은 모두

평등하며, 인간은 마음먹기에 따라서 모든 것을 할 수 있다는 '인본주의 사상'이다. 이들은 인권을 빌미로 '성 평등', '성 소수자 인권'을 들먹이면서 '차별금지법'을 만들려고 시도하고 있다. 실제로 성 평등은 양성평등과 다르다. 성 평등은 레즈비언, 게이, 트렌스젠더의 평등을 의미한다.

그러므로 '인권'을 들먹이며 좌파 운동하는 여성 단체들도 따지고 보면, 사실은 민노총이나 전교조와 유사한 정부 압력 단체로서 인본주의요, 유물론에 기초한다고 볼 수 있다. 이 사람들은 인권을 내세워 '국가 인권위원회'라는 파라솔 밑에 극단적 페미니스트들이 모여 '동성애'를 주장하고, '낙태 합법화', '가정 파괴', '성차별'을 없애고, 의도적으로 여성을 피해자로 크게 부각시키고 있다. 우리나라에는 전 세계 유일하게 여성가족부가 있는데, 이들이 쓰는 일년 예산만 무려 1조 2천억이라 한다. 기가 막힐 일이다. 그들은 중국 인권이나 북한 인권은 입도 뻥긋 못하면서 이 짓을 하고 있다. 최근에 모든 영역의 분야에서 노출되는 인권의 실체가 사상, 철학, 정치, 법률, 경제, 종교, 국제 정치, 문학, 신학에 어떻게 영향을 미치는지 구체적으로 지적하는 학자들도 나타났다. 그런데 문제는 인권의 남용이 자칫하면, 한국 사회와 가정과 국가를 망칠 수 있다. 또한 인권 운동이 동성애, 성 소수자 문제에만 그치지 않고, 궁극적으로 '종교차별금지법'을 만든다는 것이다.

'인권' 못지않게 중요한 것은 '주권(主權)'이다. '주권'이란, 말 그대로 '주인 된 권리'이다. 흔히 주권 국가란 말은 자주권을 가진 국가를 말한다. '주권재민(主權在民)'이란 말도 있다. 즉 나라의 주권은 국민에게 있다는 말이다. 그런데 우리 그리스도인들은 주권에 대한 이해가 일반인의 생각과 다르다. 그것은 곧 '하나님의 주권'이다. 불신자나 비중생자가 볼 때는 참으로 생뚱맞을 것이다. '하나님의 영역 주권 사상'은 이 세상 어디든지 하나님의 주권이 미치지 않는 곳이 없다는 뜻이다. 이 우주는 우연히 생성되어 어찌어찌 하다가 여기까지 온 것이 아니다. 불신자들은 인간이 땅 위에 주인이므로 인간의 결심 여하에 따라서 이 땅에 유토피아를 건설할 수 있다는 진화론적, 유물론적 세계관을 갖고 있다. 그래서 물질이 고루고루 평등하게 분배되면 이 땅이 지상천국이 된다는 것이다. 이것이 곧 공산주의 세계관이다. 그래서 이들은 '이 세상은 주인이 없으니, 인간이 주인 노릇하며, 인간만이 존귀와 영광을 받아야 하기에 거기에 걸맞는 인권(Human Right)을 갖는다'라는 것이 이들의 일반적인 인식이다.

하지만 우리 그리스도인들은 그들의 사상과는 다르다. 이 우주와 세상은 주인 없는 황량한 공간이 아니고, 태초에 영존하시고 유일하신 인격적 하나님이 천지와 그 가운데 만물을 만드시고, 인생을 하나님의 형상(Imago Dei)대로 지었다는 것이 성경의 가르침이다. 인간이 귀한 것은 하나님의 형상대로 지음 받은 데 있다. 그러므로 당연히 이 우주와 세상의 주권, 즉 주인 된 권리는 하나님이 가지고 있다. 그런데 이 세상에서 말하는 '주권'이니 '인권'이니 하는 말들은 하나같이 무신론적, 유물론적, 사회주의적 시각에서 나온 발상이다. 그러므로 우리는 우리의 삶의 모든 영역에 그리스도께서 왕이 되게(Pro Rege) 하는 것이 우리의 소명이다. 뿐만 아니라 아브라함 카이퍼 박사의 주장처럼, 하나님의 주권은 삶의 모든 영역에 역사하신다. 그러므로 나라의 주권도 하나님께 있고, 교회와 가정과 학교의 주권도 하나님께서 가지고 계신다. 이런 것을 우리는 '기독교적 세계관' 또는 '칼빈주의 세계관'이라 한다.

우리는 지금 거대한 영적 전쟁의 최전방에 서 있다. 불신 세력들은 '인권'이라는 매우 설득력 있는 무기로, 모든 정치 행각을 합법화하고 사회주의로 몰아가고 있다. 우리는 이 거대한 영적 쓰나미에 맞서 '하나님 중심의 세계관'을 가진 참된 '인권'과 하나님의 '영역 주권' 사상을 구체화 하는데 힘을 모아야 할 것이다.

우리 한국 교회 목사님들은 지금까지 성도들을 향해 천국 백성의 윤리라 해서, 너무 착하고, 온순하며, 나약하고, 무기력한 성도들을 만드는 교육만을 해 왔었다. 그러나 이제부터라도 우리 그리스도인은, 성경대로 하나님의 전신 갑주를 입고, 이 세상의 모든 거짓된 사상들과 싸워 이길 수 있는 영적 전쟁의 최 전방의 전사로서 악의 무리를 짓밟고 승리해야 한다.

카이퍼(A. Kuyper) 박사의 말대로 논리는 논리로, 철학은 철학으로, 사상은 사상으로, 조직은 조직으로 악의 세력과 맞서 싸워서, 하나님의 영광과 주권을 위해 일해야 한다.

06.

'애국자' 황성수

황성수 박사라고 말하면 독자들은 대게 의사이며, 채식주의자인 황성수 박사를 떠올릴 것이다. 그러나 필자가 말하고자 하는 황성수 박사는 우리나라 건국 초기에 헌법을 기초하고, 이승만 대통령을 도와 자유 민주주의의 기틀을 놓은 정치가요, 법조인인 황성수 박사를 말한다. 그는 다양한 경력과 한국 사회와 교회에 걸쳐 위대한 업적을 남긴 아름다운 인격의 소유자였다. 그러므로 오늘날과 같이 정국이 혼란스럽고, 교회가 갈 길을 잃어버린 이때, 그의 인격과 천재적인 아름다운 삶, 늘 하나님과 사람 앞에 겸손했던 그분의 삶을 들여다보는 것이 좋을 듯하다.

황성수 박사와 만남은 1963년부터 시작되었다. 나는 총신에서 황성수 박사의 '법학 통론' 강의를 들었다. 그 후 세월이 흘러 황성수 박사는 정계를 은퇴했고, '총신'을 졸업하고 목사가 되었다.

1977년 그해 여름이었다. 나는 화란 유학에서 돌아와 총신에 복직되었을 때, 왕십리교회 수양관에서 있었던 청년 수련회 강사로 초청되었다. 3박 4일 동안 새벽, 낮, 밤 그렇게 하루에 세 번씩 집회를 인도했다. 그때 청년부를 맡고 있었던 목사가 바로 황성수 목사였다. 그는 서재신 목사가 담임하고 있는 왕십리교회에서 협동 목사로 주일 대예배 설교도 하면서 청년부를 맡아 사역을 하고 있었다. 3박 4일 동안 나와 황성수 박사는 함께 식사를 나누고, 함께 대화를 나누고, 함께 기도하면서, 황성수 박사의 인격과 삶을 곁에서 볼 수 있었다.

어느 날 점심 시간에 나는 황성수 박사와 둘이 마주 보면서 식사를 하는데, 황 박사님은 나에게 '정 박사님, 나는 애국자입니다'라고 말하는 것이다. 물론 법학자로서 대한민국의 헌법 기초 위원으로, 4선 국회 의원으로 국회 부의장으로 일한 애국자인 것이 맞다. 그러나 알고 보니 황성수 박사가 말한 '애국자'는 '국물을 좋아한다'는 뜻이었다. 아직도 그의 유머를 생각하면 나는 웃음이 절로 난다.

대한민국 정치사에서 황성수 박사만 한 인격과 실력을 겸하고, 거기다가 확실한 '칼빈주의적 세계관'을 가진 인물은 그 외에는 찾을 수 없었다. 그는 화려한 학력과 경력뿐 아니라, 삶의 모든 영역에 하나님의 영광과 주권을 높이려는 삶의 족적은 한국 정치사에 거의 유일한 분이다. 황성수 박사는 전라남도 보성 출신이다. 그의 부친은 신사 참배를 반대한 보성의 한 목회자였다. 황성수 박사에게는 아들이 셋이 있는데 모두가 목사가 되었다. 그는 명문가의 가정이요, 신앙의 가정이었다. 그는 전라남도 출신이지만, 평양 숭실중학교와 평양 숭실전문학교 영문과를 다녔다. 신사 참배로 평양신학교가 문을 닫자, 일본으로 건너가 동북제국대학교 법문학부를 졸업하고, 동경제국대학에서 공부를 했다. 또한 그는 미국으로 건너가 명문 콜롬비아 대학을 졸업하고, 웨스트민스터 신학교에서 코넬리우스 봔틸(Cornelius Van Til) 아래서 신학 특히 '기독교 변증학'을 공부했다.

황성수 박사는 영어와 일본어를 유창하게 구사하는 당대 최고의 지성인이었다. 그는 웨스트민스터 신학교에서 아브라함 카이퍼와 헬만 바빙크를 공부했다. 그래서 황 박사는 나와 각별한 관계를 가졌다. 특히 그가 웨스트민스터 신학교 시절에 썼던 페이퍼 하나를 나에게 건네주기도 했다. 그래서 그는 해방 직후 현직 미국 관리의 신분으로 맥아더 사령부와 미국 군정청 사령관의 고문관으로 근무하면서 대한민국 독립의 기초를 놓는데 결정적 역할을 했다. 또한 그는 외무부 초대 정보국장, 제7대 전남도지사 4선 국회 의원, 30대에 국회 의장, 극동방송 설립자, 전국 남선교회를 창립하고 1-6대까지 회장으로 있었고, CBMC(기독실업인회)를 창립하고 1-8대까지 일했다.

황성수 박사는, '정치가', '법학자', '변호사', '민의원 의원 3번', '참

의원 의원', '국회 부의장', '외교관', 'UN 대표', '교의 신학자', '목사', '조직가', '번역가', '웅변가', '설교가', '연설가', '교수', '학장' 등 헤아릴 수 없는 많은 경력의 소유자였다. 그가 쓴 책으로는『옛 세계관과 새 세계관』이 있다. 사실 세계관이란 말을 처음 쓰신 분이 황성수 박사였다. 그리고 황성수 박사는 교의 신학자로서 로마서의 전문가였고, 그의 연설에 수많은 사람들이 감격했고, 그의 설교는 청년들을 새 세계관을 갖도록 인도했다. 나는 그가 번역한『성서와 그리스도』란 책을 세 번이나 통독했다. 그 책에는 '동정녀 탄생론', '기독 부활론', '성경의 영감론' 등 개혁신학자들의 논문들이 있었다.

그가 미국으로 이민 간 후, L.A 충현교회를 설립하였다. 그래서 나는 L.A에 갈 때마다 황 박사를 만났다. 그러나 이제 그도 나이 들어 암에 걸려 쇠약해져서 살 가망이 없을 때, 나는 그의 자택으로 심방을 갔었다. 내가 환자를 위해 기도하려 했으나, 오히려 그는 나를 위해 기도하겠다고 하면서 "하나님! 이 늙은 종을 붙드시고, 정성구 박사를 축복하시고 더 큰 일을 하게 해주십시오!"라고 기도해주었다. 그는 칼빈과 카이퍼의 사상에 충실한 정치가이자 신학자였다. 그런데 오늘날 우리의 정치판을 들여다보자. 공산주의 사상을 가진 자가 대통령이 되었고, 또 앞으로 대통령 후보로 나올 자도 공산주의 사상으로 수단과 방법을 가리지 않고 있다. 한마디로 시중 잡배들과 조폭들이 후원을 한단다. 이들 중에 정치를 탐하고, 백수, 건달, 놈팽이들과 데모 전문가들이 밀어주어 대통령이 되겠다고 나와 있으니 기가 막힐 노릇이다.

　이런 절박한 시국에 황성수 박사처럼 유창한 영어와 제대로 된 법률가요, 정치가인 애국자, 겸손한 국제적 인물이 대통령이 되었으면 하는 꿈을 꾸어본다.

07.

조국의 찬가

6.25! 71주년 되는 달이다. 육이오 노래가 절로 생각난다.
"아아 잊으랴 어찌 우리 이날을
'조국'의 원수들이 짓밟아 오던 날을…"

세월이 70년이 흐르다 보니 6.25를 체험한 세대도 거의 없어지고, 6.25 한국 전쟁이 무슨 병자호란, 임진왜란쯤으로 생각하는 것이 요즈음 사람들이다. 참혹한 전쟁을 치르고, 맨바닥에서 박정희 대통령의 영도로 나라를 재건하여 오늘의 번영된 나라를 이루어서 그런지 6.25를 다 잊어버렸다. 그동안 김대중, 노무현 정권 10년 동안 6.25 노래는 아예 금지곡이었다. 거기다가 가사까지 바꾸어 버렸다. 남북 화해와, 평화 통일을 앞세웠고, 북측을 자극하지 않으려고 희한한 미사여구로 국민들에게 북한 공산당의 남침을 오히려 우리가 북침했다고 요설을 지어낸 것이 종북 세력이었다.

더구나 전교조를 비롯한 모든 교육기관이 한국 전쟁을 외세의 개입으로 터진 전쟁이라고 퍼뜨렸다. 하지만 아직 우리는 휴전 중이고 전쟁이 끝난 것은 아니다. 여전히 북한은 핵무장으로 호시탐탐 남녘땅을 노리고 있다. 그러니 지금 우리는 불 화로를 머리에 이고 있는 꼴이다.

작년 6.25 70주년 기념일에 미국의 트럼프 대통령 내외는 워싱턴 6.25 전쟁 기념공원을 방문하고 헌화한 후에, 당시 미국의 참전 용사 영웅들에게 일일이 거수경례를 하고 한 사람, 한 사람에게 깍듯이 예를 표하고 격려했는데, 그때 잔잔한 배경 음악은
 "아아 잊으랴 어찌 우리 이 날을 '조국'의 원수들이 짓밟아 오던 날을 맨 주먹 붉은 피로…"였다. 참으로 감동적이었다.

그런데 우리 정부는 한국 전쟁 70주년을 기념한다면서 생뚱맞게 오밤중에 비행기를 배경으로 생쇼(show)를 하였다. 그리고 애국가를 연주한다면서 인민군 군가를 앞에다 집어넣는 적폐를 저질렀다. 이는 몇 주 전 정부가 서울 홍보 영상에 평양의 능라도를 띄운 것과 같고, KBS 열린 음악회의 배경에 한 시간 동안 북쪽 인공기 비슷한 것을 비추는 것과 맥을 같이 한다. 그리고 마지막 곡으로 '달님에게 바치는 노래'를 깔았다. 알아봤더니 문재인 찬양 노래란다. 참 기가 막힌다.

이 자들의 '조국'은 자유 대한민국이 아니고, 조선인민공화국으

로 생각하는 듯하다. 광복 70주년 우표 발행도 '김구'만 있고 '이승만'은 어디에도 없다. 김구의 남북합작, 좌우합작이 이자들의 입맛에 맞는 것은 사실이지만, 나라의 독립을 위해 평생을 해외에서 '조국 광복'을 위해 헌신한 이승만은 적폐로 몰아내고, 독재자로 낙인찍고, 권력에 미친 자로 부각시켜 역사에서 지우려고 했다. 한번 물어보자. 제헌 국회의 대통령 투표에서 이승만은 180표였고 김구는 겨우 13표였다. 요즘 애들 말로 게임이 안 됐지만, 이승만은 한미 동맹을 맺고 외세를 끌어들였다는 요설로 건국 자체를 부인하고, 상해 임시 정부가 적통이라는 말도 안 되는 논리를 모든 언론, 모든 역사가들이 문에게 용비어천가를 불러대고 있다. 심지어 현충원에는 태극기를 들면 안 된다고 했고, 대통령은 국기에 대한 예를 표하지도 않았다.

우리나라 노래에는 '조국 찬가'가 몇 있다.
이경남 씨가 쓴 '조국 찬가'가 있다.
"우리들의 '조국'은 하늘엔 조각구름 떠 있고, 강물엔 유람선 떠 있고…"
또 양명문 작사, 김동진 작곡의 '조국 찬가'도 있다.
"동방의 아름다운 대한민국 나의 '조국' 반만년 역사 위에 찬란하다 우리 문화…
후렴: 태극기 휘날리며 벅차게 노래 불러 자유대한 '나의 조국' 길이 빛내리라."

또 박정희 대통령이 지은 '나의 조국'도 있다. 그리고 군가에도 '조국 찬가'가 있다. 그런데 이제는 '조국 찬가'도, '나의 조국'도 부르지 않고 있다. 그동안 종북 세력들의 줄기찬 교육으로 '조국'을 말하면 적폐로 몰아가고 있기 때문이다.

해외 우리 동포들은 조국에 대한 애정이 남다르다. 우리 민족은 세계 디아스포라로 나가 있는 사람만 740만 명이라고 한다. 이들은 현지 선교사들과 한인 목회자들에 의해서 꾸준히 성장해서 약 40%가 그리스도인이 되었다. 본국의 두 배 이상 기독교인이 많다. 이분들이 우리 한국의 세계 선교의 스테이션이요, 한국 기독교의 세계화의 디딤돌이다. 해외의 우리 동포들은 자나 깨나 '조국'을 걱정하고, '조국'을 위해 기도하고, '조국'을 후원하는 든든한 세력들이다. 그 성도들은 에스더의 기도대로 '내 민족을 내게 주소서(에 7:3)'라고 기도하고 있다.

최근에 더불어민주당의 대표가 된 송영길 의원이 전 법무부 장관 '조국' 사건을 언급하면서, 조국 이슈를 책임지고 정면 돌파해서 조국을 놓아주자고 하자, 당 안팎에서 거세게 반발하면서, 오히려 송영길 대표를 탄핵하려고 벌떼처럼 달려들었다. 그러면서 '명분 없는 조국 죽이기', '민주당이 사과할 부분이 아니다'라고 하면서 중단 없는 개혁을 외치면서 조국을 엄호하고 나섰다. 조국을 지키는 것은 곧 문재인을 지키는 것이기에 대깨문 40%가 발광하는 듯하다. 조국은 최근에 『조국의 시간』이란 회고록을 출판하고 자신은 아무 죄가 없음을 변증했다. 그리고 그 책이 20만 부가 팔렸다고 한다.

이 자들은 '조국'은 지키면서 '조국'에는 관심이 없다.
사노맹 출신의 법조인 조국(曺國)의 조국(祖國)은 어디인가?

08.

좌우를 분별 못하는 백성

구약 성경 요나서 4:11에 등장하는 니느웨 성의 백성은 '좌우를 분별 못하는 사람들'로 묘사하고 있다. 2,500년 전이나, 지금이나 민초들은 모두 힘겹게 살아가기 때문에 신앙이니, 철학이니, 역사니, 사상이니, 정치니 하는 것 따위에는 아예 무심하다. 그냥 누가 지도자가 되든, 정치가 어찌되든 우선 등따습고 배부르게 하면 그만이란 생각이 지배적이다. 그러니 깨어있는 지도자들이 없으면 민초들은 좌가 되든 우가 되든 상관이 없다. 옛말에 '우선 먹기는 곶감이 달다'라는 말처럼, 자기에게 잘하고, 달콤한 말만 해주면 이것저것 따질 것도 없고, 좌우를 구별 못하고 따라가는 것이다.

6·25, 71주년이다. 그런데 김일성이 남로당(남조선노동당) 박헌영의 말을 믿고 대한민국을 1950년 6.25일 주일 새벽 4시에 탱크를 앞세워 기습 공격을 해왔다. 박헌영이 김일성에게 "만약 북에서

밀고 들어가면 남한에 있는 남로당이 봉기해서 공산화할 수 있다"고 자신 있게 건의했다. 당시는 미군도 철수한 상태이고, 우리 국군은 주말 휴가를 가서 전선이 비어 있었다. 북한 인민군은 삽시간에 비무장인 우리 강토를 짓밟고 서울을 점령해 버렸다. 김일성은 3일간 서울에 머물면서 한반도의 공산주의 통일을 눈앞에 두고 즐거워하고 있었다. 한편 대한민국 이승만 대통령은 서울을 비우고, 대전, 대구, 부산으로 수도를 옮겨갔다. 이를 두고 대한민국 언론이나 종북주의 역사가들은 '대통령이란 자가 몰래 먼저 자기 혼자 살겠다고 서울을 탈출하는 것은 있을 수 없다'고 70여 년 가까이 이승만을 향한 비난과 욕설을 퍼부었다.

그런데 생각해 보자. 만에 하나 이승만이 정부 각료를 데리고 수도를 비우고 임시 수도 부산까지 가서 전열을 가다듬지 않고, 서울 경무대를 그대로 지키고 있었다고 치자. 그러면 김일성과 이승만이 격하게 포옹하고 우리나라를 공산주의로 통일하자고 했을까? 아니면 이승만과 그의 각료들이 모두 총살당하고 요인들이 밧줄에 꽁꽁 묶여 평양으로 압송되어 총살형을 당하는 것이 타당한가? 그리되었다면 지금의 대한민국이라는 나라는 없어졌을 것이다. 이승만 대통령이 수도 서울을 비우고 남쪽으로 몰래 먼저 피난 갔다고 언론과 종북주의 역사학자들은 아직도 입에 거품을 물고 있다. 지금도 종북주의 사람들은 우리나라가 공산주의로 통일되지 못한 것이 그렇게도 한이였던 모양이다. 하지만 이승만 대통령은 그 절박한 시기에 외교의 귀재답게, 잠자는 트루먼 대통령과 맥아

더 장군을 깨워서 한국의 위기 상황을 신속히 도우라고 호통쳤다.

실제로 우리의 수도 서울 시민은 공산당 적 치하에서 3개월 동안 말로 다할 수 없는 고난과 고통을 당해야 했었다. 많은 피난민들이 서울을 빠져나갔지만, 남아있던 민초들은 공산당이 시키는 대로 살아야 했다. 그런데 당시 서울 시민들은 인민군이 탱크를 앞세워 서울에 입성하자, 모두 인공기를 들고나와 만세를 부르며 인민군들을 크게 환영했다. 하기는 해방 이후에 우리나라 사람들 약 70%가 사회주의 사상을 따랐던 사람들이다. 그리고 공산당은 서울에 있는 모든 사람들, 모든 기관들에게 인민 위원회를 조직했었다. 공산당은 사실 조직의 명수들이다. 9.28에 이승만의 청원으로 맥아더 장군의 인천 상륙 작전의 성공으로 수도 서울을 되찾았다. 그때 공산당은 그들이 만들어 둔 인민 위원회 문서를 서울시청에 그대로 둔 채 황급히 도망을 갔었다.

그런데 30여 년 전, 서지 학자인 '심한보' 선생이 그 자료를 찾아내어 몇 권을 영인했다. 나도 방대한 그 자료를 갖고 공부를 했었다. 그 자료를 보면, 세상이 바뀌면 철두철미한 자유 민주주의 수호자나, 반공주의자가 아닌 이상, 공산 정권에 순응할 수밖에 없었다는 것이다. 뿐만 아니라, 자유 민주주의에 바로 서 있지 못한 사람들이나, 참된 신앙을 갖지 못한 자들은 정권이 바뀌면 바뀐대로, 세상이 바뀌면 바뀐대로, 자신들의 색깔을 바꾼다는 것이다.

가령 그 자료에 보면 당시 서울에 있는 모든 기독 교단의 조직도 있었다. 거기에는 공산당의 지시에 따라 알만한 '장로교'의 지도자가 주축이 된 구성원들의 이름이 자세히 기록되어 있었다. 뿐만 아니라, '감리교', '성결교', '침례교', '구세군', '카톨릭' 등도 예외 없이 인민 위원회에 조직되어 있었다. 물론 이해는 간다. 그들도 살아 남기 위해서 공산당을 지지하고 지원했을 것이다. 하기야 그들은 일제 강점기 때는 애국 헌금을 모아 일본에게 전투 비행기를 헌납했던 경험도 있었다. 그래도 당시에 공산당에 협력하지 않고 생명 걸고 마루 바닥을 파서 숨어서 3개월을 용케 버틴 애국자들도 있었다. 공산당이 3개월 서울을 점령하는 동안 공산당은 수많은 애국지사, 지식인, 언론인을 체포해서 월북시키고, 모두 총살시키거나 노동 교화소로 보냈다.

세월이 71년이 지났지만, 정말 아찔했다. 참으로 애국가에 있는 대로 '하나님이 보우하사 우리나라 만세'였다. 오늘날도 우리나라 사람들은 공산당이 우글거리는 정당이 정권을 잡으면 어떻고, 자생적 공산주의자들이 판을 치는 언론사, 민노총, 전교조면 어떻노? 공짜로 30만원, 100만원 주면 좋다고, 룰루랄라 하는 '좌우를 분별 못하는 백성들'이 거의 대부분이다.

오늘의 민초들은 공산당의 맛을 제대로 본 사람들이 없다. 이해 따라, 돈 따라, 명예 따라, 좌면 어떻고, 우면 어떠냐는 식의 한심한 니느웨 백성 같은 사람들이 있으니 큰 문제다. 그 때문에 잠자는 대중들의 심령을 흔들어 깨우는 '선지자적 메시지'가 꼭 필요하다.

09.

참~ 염치(廉恥)없다

'염치가 없다'는 말은 부끄러움이 없다는 말이다. 즉 체면을 차릴 줄도 알고 부끄러워할 줄 아는 것이 염치다. 영어로 하면 a sense of shame이다. 염치도 없다고 하면 shameless로서 불명예로운 일이다. 그런데 선거철을 앞두고 여야는 서로가 '염치없다'라는 말로 날을 세우고 있다. 하기는 우리나라 사람들은 세계에서 잘 사는 나라인 것은 맞지만, 정치나 시민의식은 참~염치가 없다. 옛 사람들은 가난해도 선비의 도를 지키면서 다른 사람들과 자신에게 부끄러울 것이 없는 삶을 살기 위해서 발버둥쳤다. 비록 먹을 것이 없고 큰 벼슬이 없어도 하늘을 우러러 한 점 부끄럼이 없이 살려고 애썼다.

나의 외조부는 예수는 믿지 않았으나, 퇴계 학파의 선비로서 안동 도산 서원의 원장을 지냈었다. 그래서 그런지 어머니는 나에게

늘, "선비란 결정적으로 어려운 순간을 만날 때 절대로 인간적인 술수(術數)를 쓰지 않는다!"고 하셨다. 황새는 아무리 배가 고파도 뱁새들 틈에 끼어 모이를 먹어서는 안 되듯, 지도자는 아무리 힘들어도 하늘과 사람에게 부끄러운 일을 해서는 안 된다는 말이었다. 즉 염치를 알아야 한다는 뜻이다.

그런데 한국은 지금 모든 분야에서 사람들이 참~염치가 없다. 최근 어느 대기업의 회장님은 자기의 직원들의 봉급을 깎고 자신의 연봉은 높였다고 한다. 이런 사람들을 가리켜 참~염치없다고 할 것이다. 자기 연봉을 깎아서라도 직원들의 봉급을 챙겨 주어야 할 판에, 자기가 회장이니 자기 하고 싶은 대로 한다는 것은, 염치없는 일일 뿐 아니라 참으로 불명예스러운 일이다. 서울시장과 부산시장의 보궐선거 중이다. 전임자들이 둘 다 성범죄로 물러난 치욕을 당했음에도, 또 뻔뻔하게 여당이 후보를 내었단다. 이 일도 참~염치없다. 이들은 정치를 몰염치로 하는 모양인데, 자기반성과 회개가 없으면 2030의 이탈을 막을 수 없을 것이다.

또 5·18이 40년이 지났는데도, 그 당시 광주에 살지도 않았던 사람들이 유공자가 되어 5·18 특별 연금을 수령하고, 특혜까지 받고 있다고 들었다. 더욱 가관인 것은 광주에 한 번도 가본 일이 없는 당시 경상도의 어린 사람이 어찌하여 유공자가 되어 5·18 특혜를 입고 있다니 참~염치없다. 마치 이조 시대의 공신록처럼, 그것을 법제화해서 온갖 혜택을 받고 있다. 이뿐만 아니다. 우리 사회의 수많은 각종 관변 단체들이 임의 단체로 등록되어 있다. 그러나 그들 대부분은 종북 세력의 지지자들인데, 국가로부터 엄청난 혜택을 받고 있단다. 그 단체의 이름들은 대게 '평화', '통일', '안보', '문화', '환경', '연합'이라는 말이 들어가 있다. 정부의 예산이 합법적으로 배당되고, 정부는 그들로부터 표를 되돌려 받는 공생을 하고 있으니, 이것도 참~염치가 없다.

국회 의원들도 여야 할 것 없이 별로 하는 일도 없이, 엄청난 세비를 받아 가는 것도 참~염치없다. 의원들은 돈을 타 먹기 위해 법안 만들기 경쟁을 해서 실적 올리는 데만 급급하다. 그러나 실제 상정된 법안은 폐기되거나 잠자는 것이 대부분이다. 모두 그냥 하는 척하고 인맥 쌓고, 경력 쌓는 것으로 정치하고 있으니 모두들 참~염치가 없다. L.H 직원들이 정보를 빼내어 온 집안을 동원하여 땅 투기를 하고 있었다. 그런데 제대로 조사를 하지 않고 있다. 왜냐하면 힘 있고, 권세 있는 사람치고 땅 투기 안 한 사람이 거의 없으니까…L.H를 파고들면 모두 들통이 날듯하니, 적절히 꼬리를 자르는 쪽으로 공작을 할 것이다. 최근에 대통령과 국무총리가 코로나19 예방 접종을 했다고 한다. 그런데 종로보건소에서 접종한 것은 맞지만, 들리는 소문에 의하면, 주사 놓은 간호사가 청와대의 간호 장교 모 씨라고 한다. 사실인지는 잘 모르지만 정말 그리되었다면, 그분들이야말로 정말 생쇼를 제대로 잘하는 것은 맞을 것 같다.

한국 교회도 염치없기는 마찬가지다. 지금 정부는 부활절 예배를, "10% 모여라, 20% 모여라"고 지시를 내렸다. 나는 지난 40년 동안 전국 곳곳을 다니며 부활절 연합 집회의 설교자로 사역을 했다. 하지만 금번 어느 도시에서는 시에서 설교자의 설교 시간을 보고하라고 했다고 한다. 지난 40년 동안 정부가 목사의 설교에 대해 운운하는 이런 꼴은 처음 겪는 일이다. 그런데 어째서 한국 교회 지도자들은 정부의 일에 그렇게도 적극적으로 협조하는 성명서만 내고 있는지… 정말 염치가 없다. 이런 행위를 하는 이들은 모두 중대형 교회의 목사님들이었다. 지금 여당 국회 의원들이 '예배 금지법'을 기안해서 올려놓고 있다고 한다. 이런 자들도 염치가 없지만, 이것을 알고서도 꿀 먹은 벙어리가 된 한국 교회도 참으로 딱하다. 엊그제 한국의 원로 언론인이며, 한국 교회 연합 활동에 중심에 섰던 김경래 장로님의 말씀에, "한국 교회는 지금 300개의 교단이 있다. 그래서 300명의 총회장과 600명의 부총회장이 있다"고 보고하면서 한국 교회의 민낯을 걱정했다.

지금까지 하나님의 은혜로 참으로 복 받은 한국 교회이지만, 목사님들의 탐욕과 영웅주의에 빠져, 모두가 머리가 되고 꼬리 되기는 싫어서 20-30명 교인 놓고 총회장이요, 교수요, 당회장이요, 학장이란 허명을 명함에 찍어 다니고 있는 한국 교회 지도자들도 참~염치가 없다. 최소한 부끄러움을 알면 우리에게 그래도 희망이 있을 것이다.

10.

참 예배를 회복하자

정부는 '코로나19 감염예방법'을 빌미로, 자유 대한민국의 모든 교회들의 예배를 통제하고 있다. 음악 콘서트는 5,000명을 허용하고, 전철, 버스는 자유롭게 타도록 하면서, 왜 그렇게도 교회 예배는 작심하고 19명까지로 정해놓고 있는지…하나님의 교회를 대적하는 자는 반드시, 결국 망했다는 것을 역사적으로 알아야 할 것이다.

그나마 늦게라도 교회 지도자들은 정부의 과잉 대응을 지적하고, 법적 대응을 하면서 다시 전과 같이 '대면 예배를 드려야겠다'는 '예배 회복 운동'이 여러 곳에서 힘을 얻고 있다. 교회 지도자들이 비록 처음부터 정부의 예배 통제에 항거는 못했지만, 지금의 예배 회복 운동은 뒷북을 치는 일이다. 그래도 뒷북이라도 치는 것은 옳다. 그러나 내 생각에는 그냥 전과 같이 예배를 다시 드리자는 캠페인은 생각해 볼 점이 너무 많다. 지금까지 한국 교회는 제대로 된 예배를 드렸는지부터 반성해야 할 것이다. 하나님께 드리는 예배가 진정으로 그토록 생명보다 귀하다면, 교회 지도자들은 처음부터 생명 걸고 예배를 사수했어야 했다. 그러니 정부 권력에 의해서 기독교 탄압의 방법으로 교회와 예배가 발가벗긴 상태에서 그냥 예배 회복 운동만으로는 안 된다.

하나님께 드리는 예배는 카톨릭의 미사와 전혀 다르다.

예배는 종교 행사가 아니다. 예배는 콘서트가 아니다. 하지만 지금까지 한국 교회의 예배는 성경과 개혁교회의 전통에서 한참 멀어진 매우 인위적이고, 형식적이고 이교적 예배가 많았음을 반성해야 한다. 예배를 받으시는 분은 삼위 하나님이시지만, 대게는 매우 인본주의적이고, 청중의 입맛에 맞고, 감성에 맞고, 즐겁게 하는 예배를 드리고 있었다. 필자는 여러 해 전에 남미의 잘 알려진 신학자 한 분을 모시고, 서울의 한 대형 교회에 예배를 드리려고 갔었다. 예배가 끝나고 나는 그에게 "오늘 예배가 어떠했나요?"라고 물었더니, 그의 대답은 '마치 미식 축구시합을 본 것 같다'고 했다. 나는 깜짝 놀랐다. 남미 사람들의 눈에도 한국 교회의 예배는 마치 풋볼 게임을 구경하는 것처럼, 그저 즐기고 기분대로 하는 '감성적 예배'라는 것이었다. 오늘 한국 교회는 교파를 막론하고 고성능 전자 악기로 빠르게 연주하고, 드럼을 치며, 고래고래 고함을 치면서 CCM을 불러대고, 심지어 괴상한 율동을 하면서 예배하는 곳도 많다.

그러니 교회 안에는 록 음악 같은 복음송은 있는데 경건한 찬송은 없다. 또한 어떤 목사는 여기저기 다니면서 찬송이 느리면 은혜가 안 되고, 빨리 부를수록 은혜가 된다고 부추기고 있다. 그러므로 이런 예배 분위기에선 성 삼위 하나님 앞에 인격적으로 드리는 영적 예배를 찾기 어렵다고 본다. 그래서 예배를 콘서트쯤으로 생각하는 목사들은 사람을 높이고, 사람들이 영광을 받도록 하고, 목회자가 성도들에게 순종과 충성을 강요하면서, 자기가 하고 싶은 말을 성경 몇 구절을 인용하여 '귀에 걸면 귀걸이, 코에 걸면 코걸이' 식으로 둘러대고 있으니, 이렇게 합리화하는 것은 예배가 아니다. 감성이 곧 영성이 아니다.

또 어떤 경우는 목회자가 사적, 신비적 체험을 성경 진리인 듯이 말하고, 성도들에게 그것을 진리로, 신앙의 표본으로 삼으려고 하는 경우도 허다하다. 뿐만 아니라, 시중에 널리 깔려있는 심리학적 인본주의적인 책들을 대충 읽고, 그것이 마치 성경의 진리인 듯이 우겨대는 설교자도 적지 않다. 교회 개혁자 요한 칼빈(J. Calvin)은 500년 전에, "목사를 망하게 하는 것은 야망(Emvision)이다"라고 했다. 교회 성장의 꿈은 좋으나 그것이 목사 개인의 야망이 되어, 수단 방법을 가리지 않고, 비성경적, 비복음적, 비교리적인 것을 수공하여 교회를 이끄는 것은 당장 그만두어야 한다. 목회란, 목사 개인의 헛된 욕망과 꿈을 실현하는 것이 아니다. 수가 적어도 하나님의 복음을 세상 끝날까지 증거하겠다는 순수성이 있어야 한다. 그러므로 예배 회복은, 코로나19가 잠잠해지고 정부가 대면 예배를 허용한다는 명령을 한다고 해서, 예배가 회복이 되는 것은 아니다.

그렇다면 하나님께서 말씀하시는 '참 예배 회복'은 무엇일까?

그것은 '성경대로의 예배'이다. 또한 교리적으로 맞는 예배 회복이 있어야 한다. 요 4장 24절에 "하나님은 영이시니 예배하는 자가 영과 진리로 예배할지니라"고 했다. 그런데 여기서 하나님께 예배 드리는 것에서, 그 하나님은 영이라고 했다. 그런데 영은 옛 번역대로 대문자 Spirit로서 일반적인 영이 아니다. 그것은 성령이시다. 곧 성령과 진리로 예배해야 한다는 뜻이다. 그리고 진리란, 헬라어로 'ἀληθεία'인데, '허구(Fiction)'의 반대어이다. 그러므로 여기서 진리라는 것은, '구약에 기록된 모든 메시아의 약속이 성취된 예수 그리스도'를 의미한다. 따라서 '진리로 예배한다'는 것은, 아브라함의 자손 중에 메시아가 나시리라는 구속사적 진리를 믿고, 순종하면서 드리는 그리스도 중심의 예배라는 것이다.

예배 없이 구원 없고, 예배 없이 교회 없고, 예배 없이 하나님께 가까이 갈 수 없다. 예배 회복은 전과 같이 예배를 다시 드리는 것이 아니라, 이런 때에 엉망진창이 되고, 인본주의적이고, 자유주의적 예배의 형태를 '하나님의 중심'의 예배로, '그리스도 중심'의 예배로, '성경 중심'의 예배로, '개혁교회의 예배' 원리를 회복해야 하리라고 본다.

참 예배 회복은, '교회가 참 교회가 되고, 목사가 참 목사가 되는 데서 출발한다.'

11. 철밥통과 꽁보리밥

나는 꽁보리밥 세대다. 그리고 호롱불 세대다. 북한 공산당의 불법 남침으로 6·25 전쟁 이후 모두가 가난했던 그 시절에는 너, 나 할 것 없이 우리 국민들 모두가 힘들었다. 전쟁이 휩쓸고 지나간 자리에는 먹을 것도, 입을 것도, 살 곳도 없어 우리는 지구상의 최빈국의 가난뱅이었다. 내 경우는 특별히 극빈자의 가정에 태어나, 술도가에서 나온 찌꺼기에 사카린을 타서 끼니를 겨우 때우기도 했었다. 해방되기 전인 어린 시절에는 소나무 껍질에서 나온 섬유질을 절구통에 빻아서 송구떡으로 연명하기도 했었다. 말 그대로 초근목피(草根木皮)로 살았던 기억이 아직도 생생하다. 그랬던 우리나라는 지금 세계 10대 강국에다 곧 G7에 진입한단다. 이걸 두고 20세기의 기적의 나라, 대한민국이라 한다. 코로나19로 온 세계가 전전긍긍하는 중에도, 대한민국의 성장과 발전은 멈추지 않고 계속 전진하고 있다. 그러나 대한민국이 세계가 부러워하는 기술 강국, 문화 강국이 된 것은 이번 정부가 잘해서 된 것은 하나도 없다. 오히려 줄타기 외교로 망신을 당했고, 자나 깨나 동무 생각에 서민 경제는 뒷전이었다.

문제는 정치였다. 집권자들은 과거의 모든 것을 적폐로 몰아갔고, '평화'를 들먹이며 동무들의 비위를 건들지 않기 위해서 우리가 돈 들여서 만든 건물이 폭파당해도 입도 뻥긋 못하고, '미군 철수', '원전 파기'를 무슨 새 역사의 창조쯤으로 선전하더니, 미국에 가서는 납작 엎드려 한미 동맹은 이상 없고, 원전을 다시 하겠다고 했단다. 정부는 코쟁이를 속이려고 했지만, 미국은 이미 한국의 종북주의 정치를 손바닥 보듯이 꿰뚫고 있었다.

지금이 어느 시대인가? 정보화 시대이다.
그러니 미국도 못 속이고, 우리 국민도 못 속이는 시대이다.
우리 대한민국이 여기까지 부흥, 발전한 것은, 지난 130년 동안 강단을 맡은 한국 교회 목회자들의 설교를 통해서 국민의 눈을 뜨게 하고, 하나님이 함께하시면 축복의 나라가 될 수 있다는 희망을 주었기 때문이다. 또한 박정희 대통령의 '우리도 한번 잘살아 보세!'라는 깃발 아래, 국민들을 5000년의 잠에서 깨어나 모두가 하나가 되어서 고속도로를 닦고, 중공업을 일으키고, 산업 전사, 무역 전사, 과학 기술 전사들을 곳곳에 세워 말 그대로 '민족중흥'을 일으켰다. 그러므로 박정희 장군 또한 나라를 위해 생명을 걸었다. 5·16이 일어나던 그 날 새벽, 박 장군은 부관을 시켜 참모 총장

에게 편지하기를,

"만약에 우리들이 택한 이 방법이 조국과 겨레의 반역이 되는 결과가 된다면, 우리들은 국민들 앞에 사죄하고 전원 자결하기를 맹세합니다."라고 썼다. 이는 그가 국가 재건에 생명을 걸었었다는 것을 말한다.

그런데 지금의 이 정부는 대한민국을 소개하는 홍보물에 평양의 대동강 주변의 능라도를 넣었다고 한다. 참 기가 막힐 일이다. 4,000만 원을 들여 서울을 홍보하는 영상에 버젓이 '평양'이 들어가 있는 것이다. 이에 정부는 업자가 잘못해서 그리되었다고 낯 뜨거운 변명을 했지만, 사실 이것이 지금 정부의 민낯이다. 그들은 어찌하든지 서울과 평양을 같이 엮어 보겠다는 음흉한 발상을 표출하고 있다. 종북주의자들은 이승만 초대 대통령과 박정희 대통령의 공적을 지우고, 깨부수고, 욕하고, 파괴하고, 적폐로 몰아가는 것을 사명으로 아는 자들이다. 이러한 자들이 지금의 자유 대한민국을 다스리고 있다. 말끝마다 이승만, 박정희의 '독재'를 말하지만, 지금의 독재가 사실 더 두렵게 느껴지는 것은 어쩜인가!

또한 지금의 국민들은 코로나19로 공짜 맛에 길들여지고 있는 것 같다. 일차 몇십만 원, 이차 몇십만 원 찔끔찔끔 주면서 여론몰이를 하고, 표를 모으고, 복지 명목으로 생색내면서 코로나19 정국을 이끌어 가고 있다. 정부는 산업을 일으켜서 일자리 창출할 생각은 없고, 국민 혈세로 공돈을 자꾸 주면서 통치하는 사회주의 나라로 길들이고 있다.

젊은이들은 일할 자리가 없다. 힘든 청년들은 라면과 삼각김밥으로 끼니를 때우고 있다. 요즘 취준생들이 제일 가고 싶은 직장은 공기업이다. 왜냐하면 공기업은 '철밥통'이 보장되고, 공기업은 엄청난 적자가 생겨도 보너스를 주는 희한한 직장이기 때문이다. 그래서 이런 직장을 두고 하는 말이 '신의 직장', '꿈의 직장'이라 한다. 그러니 공기업의 경쟁률은 수백 대 일이 된다고 한다. 공기업이란 것은 모두가 돈 먹는 하마다. '철밥통의 직장'인 공기업은 모두 천문학적 부채를 갖고 있고, 정부의 권력자들이 그 돈을 나누어 먹고, 공기업의 사장과 임원들은 모두가 정부에서 낙하산을 탄다고 한다. 그래서 박근혜 대통령이 재임 시절에 공기업 개혁을 단행했지만, 문 정부 들어서는 오히려 공기업의 황금시대가 되고 말았다. 그들은 나라의 살림이 다 거덜 나도 상관이 없다. 공기업에는 권력의 칼을 가진 자들이 마음껏 비리를 해도 통제가 없단다. L.H 사태를 보듯 공기업의 권한과 사업 영역이 확장되면서 요지경이 되었다. 작년에는 공기업 36곳 중에서 절반이 적자였다고 한다. 2019년만 해도 공기업에서 10조 원의 적자가 났다고 한다. 아예 나라를 말아먹은 것이다.

공기업은 수출이 되지 않아도 그만이고, 성과가 없어도 문제 없고, 수입이 없어도 책임질 필요가 없다. 피땀 흘려 세운 이 나라에 힘 있는 자들이 공기업인 '철밥통'에 빨대를 대고, 정치권이 하고 싶은 데로 소신껏 한단다. 그러나 그것들이 민영화되어 국민들이 주주가 되어서, 눈을 부라리며 감독하면, 국민도 살고 나라도 살 것이다. 꽁보리밥도 못 먹고 살아온 나 같은 사람은 나라가 죽이 되든, 밥이 되든 무책임하고 희한한 공기업의 '철밥통'에 왠지 가슴이 아리다.

"악인이 권세를 잡으면 백성이 탄식하느니라."(잠 29:2)

12.

철학자와 법학자

꼭 50년 전 일이다. 필자가 암스텔담으로 공부하러 갔을 때, 영어도, 화란어도 잘 모르는 멍텅구리였다. 유학 가기 전에 한국외국어대학과 총신대 전임 대우 교수로 있었으나, 막상 낯선 유럽에 도착하니 문화적 충격은 말할 것도 없고, 어떻게 공부할지 도무지 감이 잡히지 않았다. 그래서 나는 일찍이 총신에서 공부할 때 들었던, 금세기 기독교 최고의 철학자인 헤르만 도예베르트(Herman Dooyeweerd) 박사를 뵙고 싶었다. 나는 무턱대고 공중전화기를 찾아 수화기에 대고 "한국에서 온 목사인데 선생님을 꼭 뵈어야 되겠습니다"라고 하자, 그분은 선뜻 초대해주었다.

그날 만난 도예베르트 박사는 지금 내 나이와 같았다. 노 철학자에게 나는 막무가내 물었다. "박사님! 박사님의 철학의 핵심은 무엇입니까?" 그때 도예베르트 박사는 씨익 웃으면서 "철학은 뭔 놈의 철학!" 하더니, 한참 만에 다시 입을 열어 "나의 철학의 근거는 시편 119:105절, '주의 말씀은 내 발에 등이요 내 길에 빛이다'라는 말씀 위에 정치, 경제, 사회, 문화, 예술, 종교, 법률을 생각하는 것이다"라고 했다. 모든 철학은 전제가 있다. 어떤 이는 '물', 또 어떤 이는 '불'이라 하고, 또 어떤 철학자는 '이성'이라고 했다. 그리고 또 어떤 이는 '순수이성 비판'이라고도 했다. 그런데 그는 '하나님의 말씀'만이 모든 것을 판단하는 지렛대라고 했다.

그는 20세기 기독교 철학 또는 칼빈주의 철학의 왕좌이지만, 그는 본래 법학자요, 법 철학자였다. 그는 『서구 문명의 황혼』과 『이론적 판단의 새로운 비판』이라는 대작을 남긴 철학자요 법학자였다. 나는 그분을 만나고 난 후 '우리의 모든 삶의 영역에 하나님의 말씀이 기초이고, 표준이다'라는 확고한 칼빈주의 사상을 갖게 되었다. 그 후에 나는 금세기 위대한 전도자요, 철학자요, 사상가인 프란시스 쉐퍼(Dr. France Schaeffer) 박사를 라브리에서 만났고, 미국의 풀러 신학대학교의 총장인 리차드 마오(Dr. Richard Mauw) 박사와 같은 거장을 만나면서 아주 큰 확신을 갖게 되었다.

최근에 어느 종북 변호사가 한국의 대표적 노 철학자인 김형석 명예 교수를 공격하고, 입에 담지 못할 막말을 했다고 한다. 그는 아주 모멸감을 주는 못된 언사를 SNS에 올려 언론이 들끓고 있다. 참으로 기가 막히고 말이 나오지 않는 고약한 사람이다. 김형석 교수와 숭실대 안병욱 교수는 근대 우리나라의 일 세대 철학자들이다. 그들은 우리나라의 젊은이들에게 숱한 꿈을 심어주고 사색하게 하고, 삶의 방향을 이끌어온 어른들이시다. 하지만 지금 우리나라는 철학이 없는 사회가 되어버렸다. 사람들은 더 이상 진리를 추구하지 않는다.

흔히 하는 말로 '진리가 밥 먹여 주냐!'라고 빈정댄다. 대학도 그렇다. 이른바 '문', '사', '철'이라 하여 문학, 역사, 철학과에 지원하는 학생도 없고, 세상 돌아가는 이야기로는 '그런 공부를 해서 어떻게 취직을 하며, 어떻게 성공할 수 있겠느냐!'라고 말한다. 그러니 지금 우리 사회는 역사의식도, 철학도 없는 아주 경박한 사회로 변해버렸다. 말끝마다 '아파트 투기', '땅값', '주식' 등등 돈 놓고 돈 먹는 참으로 경박하고 유치한 '유물 사회'가 되었다. 더구나 교회도 이 세상에서 성공하고, 복 받고, 부자 되는 것만 가르치는 전혀 성경적이지도 않고, 기독교적 세계관도 아닌 것을 입에 침도 안바르고 외치고 있으니 할 말이 없다.

나는 그 변호사에 대해 아는 바가 없다. 알려진 바로는 그는 서울법대 출신에, 사법고시에 합격한 엘리트라고 한다. 그러니 한국에서 가장 머리 좋은 사람들은 '사법고시', '외무고시', '행정고시'에 합격자들이다. 이들 모두는 한국 사회의 엘리트들이다. 하지만 우리가 사는 세상은 율법 전서만 달달 외우는 IQ 높은 사람만이 전부가 아니다. 나는 오래전 여기저기 12년간 대학 총장을 해봤는데, 1980년대 이후부터 대학 사회는 데모로 날을 세고, 밤을 세던 시절이었다. 근자에 배운 학생들은 전혀 윤리적, 도덕적 훈련을 받은 일이 없고 철학이 없다. 그러는 사이에 종북주의, 김일성 주체사상 철학이 그들의 머리와 가슴에 박혀있고, '삼팔육', '촛불', '오일팔', '세월호'를 들먹이며 모두 큰 벼슬을 하고 있는 것처럼 보인다. 이들의 머리에 박힌 철학은 '유물주의', '공산주의', '사회주의', '김일성주의' 세계관으로 가득 차 있다. 미국의 명문대 출신, 한국의 명문대 출신 다 좋은데, 그들의 머리에는 사회주의 철학을 가지고 그것으로 한국을 이끌어 가는 견인차가 되었다.

한국에는 훌륭한 정치가도 있고, 훌륭한 법조인도 있지만, 머리 좋고 스펙 좋다고 조국 자유 대한민국에 유익한 사람은 결코 아니다. 오늘날 우리나라는 법관, 검찰, 변호사, 정치인, 예술한다는 사람들 중에 붉게 물든 자들이 넘치고도 넘친다. 그러니 정 아무개 변호사가 노 철학자인 김형석 교수의 문재인 대통령을 비판했다고, 인간으로는 할 수 없는 노인에게 모멸감을 주었다. 하기는 어디 그 변호사뿐이겠는가? 그 나이 또래의 사람들도 엇비슷한 생각을 가지고 있을 것이다. 왜냐하면 지난 30~40년 동안 이 땅에는 거짓된 철학 사상 곧 유물주의 사상이 팽배했고, 수단 방법을 가리지 않고 정권을 탈취하고, 돈만 벌면 된다는 세계관이 판을 치고 있었기 때문이다. 좌파에게는 어른도 없고 윤리는 더더욱 없다. 명문대학을 나와도 거짓된 사상, 거짓된 세계관에 포로가 되면 인간쓰레기가 될 수밖에 없다.

깨끗한 한국의 철학자 노 교수를 욕보인 그자(者)에게 목사로서 부탁한다. '진심으로 하나님께 회개하고 변하여 새사람 되기를 바란다. 성경에 "너는 센 머리 앞에서 일어서고"(레 19:32)라고 했기 때문이다.

13.

'친구'와 '동무'

어떤 분이 말하기를 '친구란, 두 몸의 한 영혼이다!'라고 했다. 아마도 이보다 더 적절한 표현은 없을 거라고 본다. 우리말에는 그 사람을 알려면 그 사람의 친구를 보면 된다고 했다. 그런데 친구에도 여러 종류가 있을 것이다. 술 친구, 노름 친구, 골프 친구, 신앙의 친구도 있을 것이고, 일생동안 학문과 예술을 함께하는 아름다운 친구도 있을 것이다. 친구는 꼭 아침, 저녁으로 만날 수 있는 가까운 곳에 있는 친구만은 아닐 것이다. 비록 멀리 떨어져 있어도 가까운 친구가 있는가 하면, 한 집에 살고, 한 아파트에 살아도 마음의 거리가 멀어서 친구가 될 수 없는 사람도 있다. 요즘은 유튜브와 카톡의 시대이므로 지구 반대편 사람과도 가까운 친구가 될 수도 있다.

또 친구란, 국경을 초월해서 전 세계 사람들과도 친구가 될 수도 있다. 결국 친구가 되려면 우선 세계관과 인생관이 같아야 되고, 신앙관이 같으면 더 말할 것이 없을 것이다. 그러니 진실한 친구를 많이 가진 사람은 참으로 행복한 사람이다. 반면에 취미 따라 친구가 되었다가 이해관계가 얽히면 원수가 되는 경우도 많이 있다. 또한 이 세상에는 친구가 없어서 고독사하는 이들도 많다. 곧 마음의 빗장을 열고 친구를 만들어가 가는 방법을 모르고 한평생 닫혀 있다가 인생을 마감하는 경우도 많다는 것이다.

요즘은 또 카톡으로 만나는 친구를 '카친'이라고 한단다. 친구의 개념도 점점 달라지는 듯하다. 그런데 내 쪽에서는 친구라고 생각해도, 상대방은 친구로 생각지 않을 수도 있고, 상대가 나를 친구로 생각해도 나는 아닐 수도 있다. 그러므로 친구란, 그냥 잘 아는 사이가 아니고, 서로를 애틋하게 생각하고 뜻을 같이하고 진실하게 서로 돕는 사이라야 한다. 그런데 친구란 개인과 개인과의 관계도 있지만, 국가와 국가와의 관계에도 친구가 있고 원수도 있다. 한국에서는 친구란 말을 쓰지만, 북쪽 공산주의자들은 그것을 '동무'로 부른다. 그쪽에는 동무의 높인 말을 '동지'로 쓴단다.

국가 간에 맺은 언약 중에는 '한미 동맹'이 있다. 이승만 대통령이 당시의 약소국가인 대한민국을 위해 거대 미국과 동맹을 맺음으로 자유 민주주의를 지킬 수 있게 되었다. 이승만 대통령이 자유의 나라 미국과 혈맹을 맺은 것은, 말 그대로 신의 한 수였다. 그 한미 동맹은 6.25 전쟁 당시 5만 명이 넘는 미국의 병사들이 이 땅에서 생명을 바쳐 우리 대한민국을 지켜 주는 동인이 되었다. 그런데 지난 70여 년 동안 북쪽의 '동무'들은 이 땅에 한미 동맹을 파기하고, 미국 철수를 소리 높이고, 이 땅에서 '우리끼리', '남북통일'을 하자고 공작을 했다. 우리끼리의 남북통일은 이 땅을 공산화하자는 수작이었다.

친구란, 어려울 때 힘껏 돕는 것이 진정한 친구가 아닌가. 예수께서 "사람이 친구를 위하여 목숨을 버리면 이에서 더 큰 사랑이 없나니"라고 하셨다. 미국을 포함한 16개국 유엔군이 이 땅에 와서 숱한 목숨을 버렸다. 그러니 대한민국은 국제적으로 사랑에 빚진 나라이다. 그래서 지금도 전 세계에 27,000여 명의 한국 선교사들이 나가서 복음으로 사랑의 빚을 갚고 있다. 그런데 오늘의 정부는 북쪽 '동무'의 지시를 받고, 중국의 '동무'에게 업혀서 그들과 뜻을 같이 하는 종북 좌파들이 나라를 말아 먹으려고 지난 수년 동안 참으로 별짓을 다했다. 정부는 북쪽 '동무'와 중국 '동무'의 비위를 맞추려고, 사드 배치도 못하게 하고, 한미합동 군사 훈련도 못하게 하였다. 그리고 모든 종북주의 관변 단체를 총동원해서 공산화 작업을 착착 진행했었다. 이번에 문 대통령이 미국에 가서는 '우리끼리' 남북 문제를 해결하겠다고 미국 대통령의 동의를 얻으려 했지만, 미국 정부는 한국 대통령의 속내를 꿰뚫고 단번에 거절했다. 미국은 '어리숙한 양코베기'가 아니다. 그들은 우리 대통령과 외무장관과 언론들이 거짓말하면서, 북쪽 '동무'와 중국 '동무'의 뜻에 따라 움직이는 것을 손금 보듯 잘 알고 있었다. 전 트럼프 대통령이나 지금의 바이든 대통령은 모두 미국적 민주주의 가치를 지키는 사람들이다.

한미 정상회담 중에 대통령은 한국과 미국은 안보 면에서 변함이 없음을 발표했다. 좋은 일이다. 그러나 겉 다르고, 속 다른 그의 의중을 미국 정부는 훤히 꿰뚫고 있다. 그는 우리 기업의 지도자들을 데리고 가서 44조 원의 투자를 미국에 해주면, 미국 대통령이 감격해서 김정은 '동무'를 만나주고, 문 대통령의 지도 아래, 북쪽에 원조를 자유롭게 보낼 줄 알았다. 참 유치한 생각이었다. 그는 아무것도 얻은 것 없이 55만 명의 군인에게 줄 백신을 지원하겠다는 약속만을 받아왔다. 사실 미국은 이미 이 나라 정부가 종북주의자들로 진을 치고 있음을 잘 알고 있기 때문이다. 성경에도 동무란 말이 있다.

고전 15:33에 "악한 동무들은 선한 행실을 더럽히나니"라고 했다. 여기 동무라는 말은, 고전 헬라어에는 '메시지'란 뜻이다. 그러니 지금 이 나라는 '악한 동무' 즉 '거짓된 메시지'를 주어서 선하고 착한 대한민국을 파국으로 몰아넣고 있다.

본래 우리말에 동무는 참 좋은 것이었다. 같은 말이라도 유물주의, 공산주의자들이 계속 쓰면 그것은 더럽고 악한 말이 된다.

진실한 친구, 사랑하는 친구는 영원하다. 예수 그리스도는 우리에게 자신의 생명을 주신 우리의 참된 친구이고 우리의 영원한 구주이시다.

14.

牧羊一心

1966년 나는 총신대 신대원을 졸업하고, 시골 개척 교회를 시작했다. 50여 호의 작은 마을에, 천정도 없는 블록으로 쌓아 올린 조그마한 가설교회당에 가마니를 깔고, 두 명의 성도들에게 설교를 시작했다. 나는 첫 목회자라 순수한 복음을 고함치며 외쳤다. 그 때 나는 내가 걸어가야 할 목양(牧羊)의 길을 시로 썼다.

"엑클레시아 지역에 갇힌 양 무리 있다기에
젊은 가슴을 쥐어짜서 흥건히 제단 위에 쏟고

벧엘에 이끼긴 돌 사이로
목자의 땀방울이 촉촉이 배어들면
그 제사 열린 하늘을 향해 목 놓아 울어야 합니다.

일흔번에 일곱을 더 참아도
주님은 너무도 늦게 오시는데

아가파스메! 필로세
아가파스메! 필로세
필레이메! 필로세
내 양을 먹이라!"라고 썼다.

이것은 55년 전에 쓴 것이니 시로서는 부족하지만, 글씨를 필자가 친필로 썼다. 그 마저도 붓으로 쓴 것이 아니고, 붓 뚜껑으로 먹을 찍어서 써 내려간 것을, 당시 성도 중에 자수하는 분이 금실로 공단에 그 글자들을 수로 놓아 아직까지 잘 보관되어 있고, 이 시는 김의작 교수가 작곡을 해서 독창곡 집에 실려 있기도 하다.

나는 평생 신학대학에 교수로 살았지만, 그보다 목회가 더 좋았다. 나는 개척 교회 할 때도 총신에서 강의했었고, 총신에서 교수를 하면서도 '총신대학교회'를 개척해서, 13년 동안 목회하면서 주일 학교 아이들까지 포함해서 500여 명을 목회했다. 물론 나는 주일 낮 강단에 올라갈 때 완전 원고를 만들어 설교하고, 그 설교를 그다음 주일에 인쇄해서 지역과 해외 선교를 위해 3,000부를 발행하기도 했다. 그렇게 나는 교수 못지않게 목회가 참 좋았다. 물론 성경적으로 보면 목회는 '목자가 양 무리를 돌보듯이, 목자가 어린 양을 돌보듯 하는 것'을 의미한다. 나는 교수하면서도 약 20여 년의 목회를 통해서 '영혼 사랑하는 법'을 배웠고, 교수였지만 늘 영적으로 뜨거운 강의를 할 수 있었다.

사실 이 세상에는 목회자보다 더 귀한 것도 없지만, 목회자보다 더 힘들고 어려운 것도 없다. 우선 영·육 간에 피곤함은 말할 것도 없고, 가난을 밥 먹듯 해야 하는 일이기 때문이다. 그런데 예수님의 말씀은 '선한 목자는 양들을 위해서 생명을 버린다'고 했다. 양들은 참으로 연약하다. 양들은 목자가 이끌지 아니하면, 이리를 비롯한 못된 짐승이 언제 낚아 채 갈지도 모른다. 만약 이리가 공격하면 목자는 생명을 걸고 양을 지키는 것이 의무요 사명이다. 그러므로 참 목자는 못된 짐승을 끝까지 추적하여 쫓아버리고, 양을 찾아온다. 그런데 오늘의 한국 교회 강단에 이리가 침범해서 양들을 물어가고 있다. 아예 이리가 양 우리에 들어와서 농락하고 있는 꼴이다. 이리가 들어와 양 무리를 잡아가도 강단을 폐쇄하고 비대면으로 예배하란다.

비대면 예배라는 용어 자체가 예배학에는 없다. 대학 강의는 비대면으로 할 수 있으나, 예배는 성부와 성자와 성령의 이름으로 영과 진리로 드리되, '하나님의 면전(Coram Deo)'에서 생명의 말씀, 진리의 말씀을 받고, 통회하고, 하나님의 거저 주시는 은혜와 위로를 받고, 감격, 감동해서 죄와 세상을 이기는 것이다. 그런데 어찌하여 목자가 양을 버리고 도망가는 것인가? 물론 양 무리들 중에도 '염소'가 있고, 목자 중에도 자기 살만 찌우는 '삯꾼' 목자도 있다.

그런데 말씀에 갇힌 양 무리를 두고, 코로나19의 정치 방역에서 순둥이처럼, 서커스단의 코끼리처럼 고분고분하는 것이 말이 되는가? 코로나19를 빙자해서 교회 죽이기, 교회 길들이기가 만천하에 드러났는데도, 이 시대의 목자들은 어찌 잠잠하는지! 지금의 정부는 사실 '촛불'로 만든 '불법 정부'로서 정통성이 전혀 없다. 정통성이 없기에 친북, 친중 세력이 민노총과 전교조를 양 날개로 하고, 언론을 등에 업고 사회주의, 공산주의 국가로 가는 길을 잘 닦고 있다. 그 과정에서 교회는 장애물로 본다.

사도 바울은 '복음과 함께 고난을 받으라!'고 했다. 이 세상에 정치하는 사람들 중에 신자들도 많이 있다. 훌륭한 그리스도인들도 있지만 대부분은 엉터리다. 옛날에는 이들을 '나이롱 신자'라고 불렀다. 그들 대부분은 진리도, 복음도 모르고 교회에 적을 두는 사람들이었다. 청와대의 모씨가 8·15 집회자를 '살인자'라고 몰아가도 아무도 여기에 반론을 제기하거나, 제재하는 그리스도인은 없었다. 물론 이 땅에 명목상의 크리스천이 많은 것도 결국 따지고 보면 목사의 책임이다. 입만 열면 엉터리 번영 신학을 흉내내고, 성경의 진리를 외면하고, 자기 하고 싶은 말만 하고, 양들에게 독초를 주던 목회자들이 먼저 바로 서야 한다.

엉터리 코로나19 방역 통계로 교회를 통제하고, 예배를 없애 버리려는 이런 세력에 대해서 말 한마디 못한다면 그런 목회자는 삯꾼이 아닐는지?

15.

코로나19와 설교

코로나 4단계로 또다시 교회의 강단이 없어졌다. 이는 실로 '코로나 쿠데타'이다. 앞으로 두 주간 동안은 비대면으로 하라는 정부의 명령이다. 이미 이전에 정부의 방침에 고분고분 순종하던 교회들이 입도 뻥긋 못하고 지낼 판이다. 그러니 지금 한국 교회는 머리 밀린 삼손이다.

이번 정부는 참으로 코로나19로 크게 재미를 본 셈이다. 나라가 어렵고 곤란한 시기에는 코로나가 더욱 번창해져서, 통제할 거리가 생겼다. 한 주간 전만 하더라도 금방 코로나가 잡히고, 국민들이 일상으로 돌아갈 것처럼 대대적으로 홍보하고 선전하더니, 확진자가 1천 명이 넘으니 돌연 4단계로 올린단다. 이는 '정치 방역'이었다. 그런데 전문가 의사들의 말을 빌리면, 우리가 알고 있는 것처럼 코로나19는 그렇게 무서운 병도 아닐뿐더러, 집단 면역이라는 것도 있을 수 없다던데, 서민들로는 알 길이 없다. 얼마 전에 민노총이 광화문에서 떼거리로 모여 집회를 했는데, 당국자들은 그들을 엄히 조치하겠다고 했으나, 그것은 모두가 헛구호로서 앞으로 있을지 모를 8·15 광화문 태극기 집회를 경고하기 위한 엄포라는 것을 알 만한 사람은 다 안다.

그리고 잘은 모르지만, 검사를 많이 하면 코로나19 확진자도 자연히 많이 드러나는 것은 상식이다. 그럴리야 없겠지만, 정부가 코로나 보균자들을 조종하는 듯한 인상을 받는다. 제대로 코로나 확산 통제를 하려면 버스도, 전철도 타지 말고, 유흥업소도 가지 말고, 쇼핑몰도, 마트도 가지 말고, 모두가 집에 있어야 하는데, 왜 하필이면 코로나19 방역에 가장 적극적이고, 철저한 교회를 '모이라! 모이지 말라!', '성경 치워라!', '성가대 하지 마라!', '비대면으로 예배하라!' 하는 것은 정말 지나친 처사라고 본다. 이는 정부가 교회를 만만히 보고 우습게 보는 중국식 사회주의적인 통제 방법이고 명백한 '기독교 탄압'이다.

하기는 옛날부터 집권자는 기독교인들의 신앙을 억제하기 위해 여러 가지 술수를 썼다. 4세기에 유명한 대설교가 크리소스톰(Chrysostom, 347-407) 때였다. 크리소스톰은 안디옥 출신으로서, 성경을 역사적, 문법적 해석을 통해 복음을 증거 했다. 그는 인류 역사상 가장 위대한 대설교가요, 웅변가여서 어거스틴과 함께 기독교 역사에 중심인물이고, 교회의 개혁자 요한 칼빈에게 엄청난 영향을 끼쳤다.

그는 당시 설교 도중에 이런 말을 했다.

"이 정부는 어찌하여 주일마다 스포츠 경기를 하는 거냐!"라고 일갈했다. 얼핏 보면 오늘의 상황의 메시지와 아주 비슷하다. 당시 황제는 거의 주일마다 '마차 경기'를 하도록 했다. 그래서 황제는 사람들이 교회에서 크리소스톰 같은 위대한 설교자의 설교보다, 마차 경기가 더욱 재미가 있어서 그곳으로 몰려가고 있었다. 황제는 자기의 왕권 강화를 위해서 그리했다. 오늘날도 스포츠, 스크린, 섹스를 통해 사람들에게 진리와 영원이나 신앙을 생각하기보다, 즐기고, 먹고, 노는 것을 좋아하도록 만들어 가고 있다. 그것이 그때의 황제의 정치 행보였다.

오늘날도 다르지 않다. 한국의 종편 방송들은 하나같이 국민들이 오락에 심취하고, 트로트에 푹 빠지게 하고, 비윤리적, 비도덕적, 환상적 드라마로 사람들을 끌어들여, 세상은 죽이 되든, 밥이 되든 무심하도록 만들고 있다. 결국 문화 막시즘을 동원해서, 사람들을 서서히 사회주의, 막스주의 사상으로 빠져들게 하고 있다. 이것도 정치이고, 그것도 의식화 운동이다.

앞서 말한 크리소스톰은 당시 콘스탄티노플의 대감독이요, 설교자였다. 그는 경건하고 진실한 설교자로서 당시의 타락한 황제와 황후의 죄악을 거침없이 책망하고, 국민들에게 성경 중심의 경건한 신앙을 살도록 설교했다. 그런데 황제는 그를 그냥 두지 않고 추방했다. 크리소스톰은 생명을 걸고, 강단을 지키려 했다. 하지만 정권의 물리적 힘으로 그는 결국 추방되었다. 크리소스톰은 추방되어 가면서 이렇게 말했다. "말씀이 없는 교회는 더 이상 교회가 아니다"라고 했다. 크리소스톰이 남긴 말은 어쩌면 오늘 한국 교회에 주시는 말씀이 아닐까?

그동안 한국 교회 강단은 타락했었다. 오늘날 한국 교회 목사들의 설교에서 복음은 없어지고, 인문학이 강단을 뒤덮어 있고, 성경은 증거되지 않고 번영주의 사상, 인본주의 사상으로 겨우 버티다가, 그마저도 정부로부터 강단을 뺏겼다. 이에 대해 성도들도 말이 없다. 크리소스톰이 추방되어 갈 때, 성도들은 이렇게 울부짖었다.

"우리는 우리의 감독을 모시겠다.
황금 입이 닫히는 것보다 태양 빛이 가리워지기를!…"

오늘의 한국 교회 목사들이 말씀의 강단을 지켜야, 이토록 연약하고 순진한 성도들이 영적으로 살아날 것이다.

16.

삼박자 구원

30년은 더 되었다. 나는 독일의 뮌헨에 있는 한인 교회에 부흥회 인도 차 갔었다. 그때 안내하시는 목사님이 나를 뮌헨 올림픽 경기장을 구경시켜 주었다. 듣던 대로 대단했다. 목사님이 그곳을 해설하면서 몇 해 전에 조용기 목사님이 이곳에 와서 독일 사람들을 중심으로 올림픽 경기장에서 수만 명을 모으고 대형 집회를 열었다고 소개해 주었다. 그 이야기를 듣고 조용기 목사님은 참으로 탁월한 대전도자라고 생각했고 부러웠다. 그뿐 아니라 조용기 목사는 전 세계 모든 대형 집회에서, 그 속사포 같은 영어로 대중들을 휘어잡고, 간단명료한 메시지로 복음을 증거 했다. 그는 어찌하여 한국의 난다 긴다 하는 미국 유학, 영국 유학파 목회자들도 못하는 수만 수십만 명의 사람들에게 영어로 복음을 선포하고, 회중들을 환호하게 했을까를 생각해 봤다.

세기의 전도자 미국의 빌리 그레함 목사의 설교를 들어보면, 그 영어는 명쾌하고 정확한 데다 아주 짧은 단문이 계속 연결되고 있었다. 말하자면 대중들이 바로 알아들을 수 있는 쉬운 영어로 복음을 증거 하는 것이다. 아마도 조용기 목사도 빌리 그레함을 친구로 삼아서인지 그의 메시지 또한 단순 명료했다. 순복음 교회 최측근의 사람들의 말을 빌리면, 조용기 목사는 엘리베이터를 오르내리는 그 짧은 시간에도 영어 단어와 문장을 외우는 것을 봤다고 한다. 역시 그는 전 세계를 품고 중단 없이 기도하고, 끊임없이 노력한 분임에 틀림이 없다.

　그는 가난했고 질병을 앓았었다. 불광동에 천막 개척 교회를 하면서, 그는 대중들의 요구(need)가 무엇인지를 깨달았다. 그래서 그는 요한삼서 1:2의 "사랑하는 자여 네 영혼이 잘됨 같이 네가 범사에 잘되고 강건하기를 내가 간구하노라"는 말씀이 마음에 꽂혔다. 그래서 그는 그 구절을 통해서 예수 믿고 부자 되고, 건강한 것이 하나님의 뜻이라고 선포했다. 이를 가리켜 이른바 '삼박자 구원' 또는 '삼박자 축복'이라 했다. 모든 메시지의 결론은 그것으로 끝을 마감했다.

　1960년대 초에 나는 서대문구 충정로에 박윤선 목사님이 개척한 동산교회를 전도사로 섬기고 있었다. 한길 건너 조용기 목사의 순복음 중앙교회가 있었고, 가난에 찌들고 병에 걸린 사람들이 조용기 목사의 이른바 '희망의 메시지' 또는 '긍정의 메시지'를 듣기 위해서 몰려들었다. 그 후 여의도 개발의 정보를 알아낸 서울시 부시장(?)인 그의 오른 팔의 도움으로 여의도에 땅을 사고, 여의도 순복음 시대를 열었다. 그래서 세계 최대의 교회가 되었다. 전 세계 모든 교회 지도자들이 여의도순복음교회의 부흥을 배우기 위해서 몰려왔고, 한국의 모든 목회자들도 조용기 목사를 따라 하려고 그와 함께 했다. 그런 의미에서 보면 조용기 목사의 부흥 운동은 1970-1980년대 부흥의 견인차가 되었고, 한국 교회 부흥 운동의 중심에 섰다. 그의 사역과 그의 삶은 모든 이들에게 선망의 대상이 되기도 했다.

옛말에 인물이 시대를 만들기도 하지만, 시대가 인물을 만들기도 한다. 조용기 목사가 성령 충만을 기치로 내세우고 사역을 시작한 1960년대는, 대한민국이 정말 찌들게도 가난하고 못살던 시절이었다. 교회의 부흥은 멈추고 어디하나 희망의 출구가 없었던 시절이었다. 그 시절 박정희 대통령이 집권하고 '우리도 한번 잘 살아 보세'라는 새마을 운동이 전개되고, '하면 된다', '할 수 있다'는 긍정적 생각을 가져야 나라도, 개인도, 새롭게 바꿀 수 있다는 캠페인을 벌이고 있었다. 어쩌면 조용기 목사의 '삼박자 구원'과 '내게 능력 주시는 자 안에서 내가 모든 것을 할 수 있다'는 성경 말씀을 '긍정의 힘'으로 이해한 듯하다.

사실 당시 미국의 수정교회 로버트 슐러 목사는 노만 빈센트 필의 '긍정의 힘'을 빌려서 인간은 자기 마음먹기에 따라서 무엇이든지 할 수 있다는 말로 세계를 움직였다. 물론 그 배후에는 프로이드(Freud)의 심리학이 움직이고 있었다. 어쨌든 그 시대는 그것이 바로 진리이고 그것이 성경적이란 인식이 있었다. 특별히 20세기는 오순절 교회(Pentecostal Church)의 대부흥의 시기였다. 세계 각국에 오순절 운동으로 방언의 역사가 강조되었고, 한국의 오순절 운동도 그것과 괘를 같이 했었다.

그런데 9월 13일 조용기 목사는 86세를 일기로 주님의 부르심을 받았다. 그가 한국 교회와 세계 교회에 끼친 신앙의 유산은 너무도 큰 것이었다. 그의 아호대로 영산(靈山), 말 그대로 영적 큰 산이었다. 하지만 그가 60년 동안 외쳤던 '삼박자 구원'이 성경적으로 옳은가는 지금부터 진지하게 논의가 되어야 할 것이다. 사도 요한이 가이오에게 통상적 안부의 인사와 기도하는 덕담을 가지고, 그의 모든 신학과 신앙을 메달아 놓은 것이 성경적이라고 할 수 있을는지…삼박자는 '창조', '타락', '구속'이다. 즉 '하나님의 창조', '인간의 전적 타락', '예수 그리스도 안에서 구속' 이것이야말로 개혁교회의 핵심이다. 칼빈이 말한 대로 '말씀'과 '성령'이 더불어 역사해야 한다.

아무튼 그는 우리 시대, 한국 교회의 영적 거인임에는 틀림이 없다.

모든 성도들과 가족들에게 주님의 위로가 함께 하시기를…

17.

한글과 기독교

한글이 창제된 지 574주년이 되었다.

한글은 세종 대왕이 1443년 창제한 '훈민정음:訓民正音'을 말한다.

이 지구상에는 7,000여 개의 언어와 30여 개의 문자가 있지만, 문자를 만든 사람, 문자를 만든 연대, 문자를 만든 목적이 뚜렷하게 기록된 것은 '훈민정음' 곧 '한글'이 유일하다고 본다. 전 세계 언어학자들이 모두 인정하는 바와 같이 한글은 독창적이고 과학적이며, 배우기 쉽고, 실용적이어서 무슨 발음이든지 못할 것이 없는 세계에서 가장 우수한 표음 문자라는 것이 이미 증명되었다. 그래서 지금 세계 각 대학에서 한국어과가 생겨나고, 한국 문화를 알리는 사람, 한국 기업에 취업하려고 한글을 배우려는 사람들이 점차 늘어나고 있다. 참으로 고무적인 일이 아닐 수 없다.

'훈민정음' 곧 '한글'이 창제된 이후에도 오래도록 그것이 민간인들에게 확장되기는 어려웠다. 이조 500년 동안 선비 사회는 한문이 중심이었다. 한자는 곧 권력이요, 정치요, 힘이었다. 한자를 아는 것은 곧 지식인이요, 신분 상승의 기회였다. 반면 한글은 '언문'이라고 해서, 신분이 낮은 사람들이나 부녀자들이 소통하는 문자쯤으로 이해되어 왔다. 물론 한글은 궁중 여인들과 아녀자들의 편지에서 쓰여졌다. 특히 송강 정철로 대표되는 많은 기사들이 1만여 수가 남아있다고 한다. 예컨대, '관동별곡', '사미인곡' 등의 걸작은 한글로 되었다. 특히 고대 소설 중에서 한글로 된 것이 적지 않다.

그런데 이 땅에 기독교의 복음이 들어오자 말 그대로 경천동지(驚天動地)할 사건이 생겼다. 그것은 바로 한글로 성경이 출판되면서, 한글은 우리 민족의 모든 사람들에게 빛을 주는 문자로 다시 태어나기 시작했다. 참 특이한 것은 이 땅에 정식으로 기독교 선교사가 들어오기 전에 이미 한글로 '누가복음'이 발행되었다. 존 로스(John Ross)와 서상륜 형제가 함께 중국에서 성경을 찍어서 발표했었다. 그리고 한글로 성경 각 권의 쪽 복음이 발행된 후, 1887년 드디어 신약 성경이 목판 인쇄로 출판되었다. 그리고 1900년에 신·구약 성경이 출판되었다. 1900년 이전에 기독교의 모든 전도지와 신학 서적들이 한글로 출판되었다. 예컨대, '주기도문', '교리 문답' 등 조선 기독교 서회에서는 엄청난 책을 출판했다. 특히 서양 기독교의 고전인 존 번연(John Bun-yan)의 '천로역정(Pilgrim's Progress)'

은 신약 성경이 나오기 전에 한글로 이미 출판되었다. 이 책은 한글 성경과 각종 전도지와 신학서와 더불어 기독교 신앙에 갈급한 민중들에게 읽혀졌다. 그 외에 무 곡조 찬송가도 모두 한글로 만들었고, 그것으로 성도들은 함께 찬송을 불렀다. 일제 강점기에는 뜻 있는 애국 지사들이 모두 교회로 몰려왔고, 독립운동의 모체가 사실은 교회가 되었다. 특히 기독교 서적들과 잡지와 신문들이 성도들과 민중을 깨우는데 큰 역할을 했다. 그리고 교회는 고등 공민학교와 성경 구락부를 만들어 문맹 퇴치를 위해 한글 교육을 했었다.

'훈민정음' 곧 한글이 위대한 언어 문자인 것은 맞지만, 만에 하나 지난 130여 년 동안 한글 성경과 한글 찬송가, 한글 전도지, 한글 설교집, 한글 기독교 입문서들을 통한 한국 교회의 부흥이 없었다면, 한글의 확산과 발전은 없었을 것이라고 본다. 식민지 아래에서 일제가 한글을 없애려고, 한글 학자들을 감옥에 가두기도 하고, 우리 말과 글을 말살시키는 정책을 노골화하였고, 일제가 한글을 쓰지 못하도록 핍박을 가했지만 한국 교회는 목사님들의 설교를 통해서 민중을 깨우치고, 각종 신문, 잡지들을 통해서 한글의 정체성을 지켰다. 한국 교회는 한글이라는 배를 타고 복음이 확산 되었고, 한글은 기독교의 부흥과 발전, 그리고 선교 전략과 함께함으로 발전되었다. 한글은 표음 문자로서 모든 사람들과의 소통의 수단이 되었다. 또한 복음은 모든 사람들이 예수 그리스도 안에서 자유를 누리는 소통의 도구였다.

한국은 IT 강국이다. 그 배후에는 한글이 자음과 모음의 조합이 가장 잘된 과학적 문자이기에 오늘 같은 디지털 시대에 가장 적절한 글자라고 할 수 있다. 감사한 것은 최근에 '훈민정음 탑 건립위원회'(위원장 박재성 박사)가 조직되고, 정치권과 학계를 깨워서 세계적 문자인 '훈민정음' 곧 '한글'의 우수성과 위대성, 그리고 세종대왕의 한글 창제의 위업을 세계만방에 알리는 '훈민정음 탑 건립' 운동이 벌어지고 있다. 이 사업은 한국 정부와 각 지자체가 협력해서 '훈민정음 탑'을 건립함과 동시에, 전 세계 한인들이 있는 모든 지역에 '훈민정음 탑'을 건립하려는 계획을 갖고 있다. 이 일은 지금 차질 없이 진행되고 있다. 앞으로 한국 문화는 세계에 K-POP이나 K드라마, BTS만 말할 것이 아니라, 세종 대왕의 위대한 업적인 한글 곧 '훈민정음'을 세계 만방에 알려 한국의 문화유산으로 드러내야겠다. 그리고 이 일을 통해서 복음이 세계화되고 선교 한국이 위대한 사역이 이루어지길 바란다.

대한민국이 21세기의 선진 국가로 부상하고 있는 요즘, IT 강국에 과학 입국의 큰 역할을 한 배후에는 바로 '한글'의 '과학성', '우수성'과 밀접한 관계가 있다고 본다.

'훈민정음' 곧 '한글'은 세종 대왕이 창제한 이 지구상에서 가장 과학적이고 독창적인 우수한 문자이다. 또한 한글은 대한민국의 문자이다. 그러나 오늘과 같이 세계적 문자로 한글을 발전시킨 것은 '한국 교회'라는 사실도 잊어서는 안 될 것이다.

18.

할리우드와 미나리

　할리우드에서 '미나리'란 영화가 홈런을 쳤다. 그리고 원로 배우 윤여정 씨가 아카데미 수상식에서 오스카상 여우조연상을 받았다. 참 대단하다. 그리고 멋지다. 각종 언론 매체는 이 사실을 대서특필하고 있다. 또 미국이나 유럽 언론 매체도 작품 내용보다는, 윤여정 씨의 배우로서 진솔함과 꾸밈없고 거침없는 입담에 시청자들이 파안대소하고 즐거워하고 있다. 또 그의 영어가 세계 영화인들과 시청자들을 들었다 놓았다 해서 더욱 인기다. 지금까지 국외에서 큰 상을 받은 사람들은 주로 통역을 통해서 판에 박힌 인사를 하면서 눈물을 흘리고 감격하는 것과는 판이하게 달랐다. 그래서 어떤 외국 방송에서는 수상 소감 발표상에 윤여정 씨에게 오스카상을 하나 더 추가해야 된다는 말까지 나왔다.

　어쨌든 코로나19가 일 년 넘게 계속되는 동안, 대한민국 모든 사람들이 경제적으로 찌들고 우울하고 재미없고, 소통이 없어 납덩이처럼 굳어져 있는 우리 마음에 오랜만에 뜨거운 여름에 생수를 마시는 듯 시원한 뉴스라서 참 좋았다. 그리고 윤여정 씨의 오스카 여우조연상 소식과 그의 영어 스피치는 사실 과거 어느 외교관들보다 더 큰 몫을 했다고 본다. 외교관들이 하는 일들이 골프 치고, 파티에 가서 밥 먹고 와인을 마시고, 국익을 위해서 일한다지만, 제한된 공간에서 의전적이고, 공식적인 외교 술어로 주거니 받거니 하는 것이 외교였다. 하지만 윤여정 씨는 전 세계 영화인들과 영화를 좋아하는 모든 사람들에게 한국인의 자존심을 마음껏 드러내고, 그의 인간승리를 눈물 한 방울 보이지 않고, 촌철 살인의 어법으로 세계인에게 감동을 준 것은 민간 외교의 최고봉이었다. 특히 코로나로 지친 우리 모두에게 배려와 위로와 감사가 있게 했다. 좌우간 홈런이었다.

그런데 나는 영화와는 아주 거리가 먼 사람이다. 최근 10년 동안 영화관에 가본 것은 두어 번 정도였다. 윤여정 씨가 영화 산업의 본고장, 엔터테인먼트의 본부 할리우드에서 세계인의 이목을 끌면서 큰 상을 받고, 수상 소감을 발표한 것은 근래에 보기 드문 일대 사건이라고 본다. 지난 40년 동안에 L.A에 많이 갔었고, 특히 내가 할리우드에 갔던 것은 영화와는 아무런 관계가 없고, 할리우드 지역에 있던 한인 교회에 부흥회 인도 차 여러 번 갔었다. 그리고 지난 40년 동안 거의 미국 전역에 강의와 집회 일로 다녔다. 고단한 이민 교회 성도들에게 복음의 말씀으로 위로와 격려가 필요

했기 때문이다. 이민 사회를 보면, 한국에서 내노라 하는 직함을 가진 분들이 더 큰 꿈을 꾸면서 미국 이민을 왔지만, 영어도 안 되고 주류 사회로 나갈 수도 없으니, 세탁소나 가게, 딜러 등을 하면서 버겁게 살아가고 있는 분들이 대부분이었다. 그래도 곳곳에 목회자들이 한인 교회를 세웠고, 교회는 그 지역에 삶의 중심이 되었다. 거기에는 이민자들의 애환도 있고, 지치고 고단한 삶이지만 믿음으로 살려는 사람들이 많았다. 아마도 '미나리'는 이런 환경 가운데서 이민자들의 애환과 가족 간의 소통을 통해서 끈질기게 살아남아 서로 위로받는다는 스토리가 아닐까 생각해 본다.

이런 말이 있다. 80년대에는 중국 사람들이 미국으로 이민 가면 중국 식당을 차리고, 일본 사람들은 전자 상점을 차리지만, 한국 사람들은 가는 곳곳마다 교회를 세운다고 했다. 지금 미국에는 한인 교회가 그 수를 헤아릴 수 없을 만큼 많다. 물론 한인 교회의 분열도 많고 싸움도 많다. 교회가 없는 목회자도 엄청 많아 생계가 어렵고 일하는 목회자도 많다. 하지만 이제 대한민국은 선교의 나라이다. 27,000명의 선교사들이 전 세계에 흩어져서 복음 전파를 위해 현지인들에게 선교하기도 하고, 우리 동포들을 말씀과 기도로 영적으로 돌보고 있다. 바울이 말한 대로 선교사는 '그리스도의 대사(Ambassadors for Christ)'이기도 하지만, 민간 외교가이기도 하다. 오늘의 한국이 수출 대국이 된 것도, 선교의 대국이 된 것도, 한국 교회의 저력이자 민간 외교관으로 선교사가 그 나라 국민들을 깨우고, 한국과 한국 교회의 이미지를 심는데 크게 한몫을 했기 때문이다. 여러 해 전에 전 한동대학교 김영길 총장과 함께 불란서 파리대사관에서 일하는 파리 공사를 만나 오찬을 함께 하는 자리에서 나는 이런 말을 했다. "선교사는 그 나라에 바닥 민심과 삶을 가장 정확히 잘 압니다. 그러니 모든 외교에서 선교사들의 말을 참고하되 고문으로 우대해서 도와 드리라"고 주문했더니 그분은 내 말에 크게 감동했다.

이번에 윤여정 씨의 오스카상 수상은 우리에게 새로운 희망과 꿈을 심어주었다. 그리고 찌들게 위축된 우리에게 커다란 위로를 주었다. 특히 지금 우리나라는 각계각층에 공산주의 종북 세력들이 진을 치고, 코로나19를 정치적으로 교묘히 이용하여, 교회 탄압의 수단으로 삼고 있다. 그러니 지금 우리는 가슴에 납덩이를 올려놓은 것 같은 답답한 현실이다. 유동열 원장의 말을 빌리면, 청와대를 움직이는 것은 통혁당이라고…, 어느 서울대학교 사회학 교수는 36년 동안 간첩으로 있으면서 차관급 대우를 받고, 남북 적십자 회담 우리 측 대표단까지 했었단다. 참으로 기가 막힐 일이다. 그자는 간첩이었지만, 겨우 1년 7개월 감옥을 살고 지금 거리를 활보하고 있다고 했다. 그러니 지금 한국은 이런 간첩들이 우글거리는 세상이 되었고, 이런 세력들이 정치, 경제, 법조, 국회, 사회, 문화, 종교의 중요한 자리를 꽉 움켜잡고 있다고 한다. 그동안 법무부 장관이나 대법원장이 도리어 법을 깔아뭉개고, 대통령이 4·3 사건을 미리 재판해버리고, 죄인을 의인으로 만들고, 의인을 죄인으로 만들었다. 그럼에도 불구하고 정의의 외침은 모기소리처럼 작고, 영적으로 깨어있는 목회자들이 너무너무 적다.

이런 와중에, 할리우드에서 들려온 기쁜 소식은 잠시 우리에게 청량음료를 제공한 셈이다. 그래서 나는 며칠 전에 아내와 함께 농산물 시장에 들러서 '미나리' 한 다발을 사왔다. '미나리'는 어디든 잘 자라는 강인한 생명력, 보통 사람의 것이고 꾸밈도 가식도 없다.

평범한 사람들이 자유롭게 잘사는 대한민국이 우리가 바라는 세상이 아닐까? 그리고 이 시대의 일꾼은 대형 교회의 지도자가 아니고, 연약하고 작은 교회 목사들이 오직 순수한 복음을 증거 하는 것이 이 시대에 '남은 자'가 아닐까?

'미나리', '미나리'

19.

거룩한 꿈을 꾸자

새해는 모두가 한 가지 꿈을 꾼다. 그리고 그 꿈이 반드시 이루어지기를 소원한다. 하지만 대개의 꿈은 황당하고, 탐욕과 이기적인 꿈이 대부분이다. 가난한 자, 실직자는 귀인이 나타나서 돈다발을 건네주는 것을 꿈꾸고, 기업인들은 불황에도 불구하고 대박이 나서 기업이 불같이 번창 되기를 꿈꾼다. 또한 정치꾼들은 대중들을 속이고 적절히 되지 못한 공약을 해서 명예도, 지위도 얻어서 돈을 긁어모을 꿈을 꿀 것이다. 그리고 대한민국을 사회주의, 공산주의로 만들어가려는 자들은, 금년에도 자나 깨나 민중들을 속이고, 선량한 백성들을 꾀어서 희한한 구호를 만들어 자기들 하고 싶은 대로 끌고 가고 싶어 할 것이다. 이 모두가 천박한 개꿈이다. 참된 꿈은 밤에 꾸는 것이 아니라 낮에 꾸어야 한다.

그러나 이와는 달리 우리 그리스도인들도 꿈이 있다. 그 꿈은 금년 한해만의 꿈이라기보다 우리의 전 생애를 통해 이루어질 거룩한 꿈이다. 그 꿈은 성경 역사의 위대한 종들이 꿈꾸던 꿈이다. 다음 내용은 필자가 지금부터 십수 년 전에 제주도 도민과 기독교인 합동 신년 하례회 모임의 연설을 개요 하려고 한다. 물론 이후에도 여러 교회에서 설교했던 내용이기도 하다.

첫째, 우선 아브라함의 꿈을 생각해 보자. 그는 75세에 하나님의 부름을 받는다. 75세이면 인생의 황혼기이다. 그럼에도 하나님은 그에게 소명을 주셔서 메시야 왕국 건설의 기초를 쌓으라는 꿈을 주신다. 그래서 아브라함은 하나님의 말씀대로 순종하여 믿음의 조상이 되고, 무자했던 그가 자손 대대로 복을 받아 하나님 나라 건설의 초석이 된다는 꿈을 꾸었다. 그는 하나님의 계시에 기초한 거룩한 꿈을 꾸면서도, 그 언약은 반드시 이루어 주시는 줄 알고 이삭을 모리아 제단에 바치기로 결심했었다.

둘째, 노아의 꿈을 살펴보자. 하나님은 배 만드는 늙은이 노아를 택해, 480세에 방주를 지으라 했고, 노아는 120년 동안 하나님이 심어준 대로 거룩한 꿈을 꾸고 역사를 이루었다. 노아의 꿈은 하나님은 반드시 죄악을 심판하시되, 남은 자는 보호하시고, 그 씨는 구원하신다는 꿈과 확신을 가졌다.

셋째, 모세의 꿈이다. 히브리서 기자의 해석대로, 모세는 그리스도를 위해 받은 능욕을 애굽의 그 어떤 금은보화보다 더 큰 재물로 여겼다. 하나님이 모세에게 심어준 꿈은 장차 오실 예수 그리스도의 영광의 나라였다. 그래서 이스라엘 민족 해방을 위해 80세에 승부를 걸었다. 그의 꿈은 땅 위에서 잘 먹고 잘 사는 것이 아니었다.

넷째, 요셉의 꿈이다. 요셉은 파란만장의 역경의 삶을 살았지만, 그의 꿈은 역사의 배후에 하나님이 계시고, 하나님의 주권이 움직인다는 확신의 꿈이었다. 그래서 그의 고백은 이랬다. "나를 이리로 보낸 자는 당신들이 아니요 하나님이시다."

다섯째, 이사야의 꿈이다. 주전 600년 전에 정국은 혼란하고 나라가 부패하고 타락했을 때, 그는 선지자로서 거룩한 꿈을 꾸었다. 즉 인생과 사회와 만물이 새롭게 되는 것은 장차 메시아이신 그리스도가 와야 한다는 웅장한 꿈을 꾸었다. 그래서 메시아가 오시면 "광야와 메마른 땅이 기뻐하며 사막이 백합화같이 피어 즐거워하며 그것들이 여호와의 영광 곧 우리 하나님의 아름다움을 보리로다."(사 35:1-2)라는 거룩한 꿈을 꾸었다.

여섯째, 다윗의 꿈이다. 다윗은 위대한 시인이요, 위대한 음악가요, 야전군 사령관이요, 국왕이었다. 그럼에도 밧세바를 범하고 우리야를 죽이는 큰 죄를 지었다. 하지만 철저히 회개하고 다시 일어섰다. 그 후 다윗의 가슴에 거룩한 꿈 하나가 자리 잡았다. 그것은 "해 돋는 데에서부터 해 지는 데에까지 여호와의 이름이 찬양을 받으시리로다"(시 113:3)라는 하나님 중심의 꿈이었다. 성경은 다윗을 예찬하지 않는다. 다만 회개한 후에 그가 꿈꾸던 거룩한 메시야 왕국, 그리고 복음이 해 돋는 데서 해 지는데 까지 비추어 져야 한다는 '선교의 꿈'은 거룩했다.

일곱째, 아모스의 꿈이다. 드고아의 복자 출신 아모스가 살았던 시대는 오늘의 대한민국 못지않게 혼란스럽고, 부정과 부패가 판을 치고, 눈을 씻고 봐도 희망이 없던 시대였다. 하지만 그래도 그는 거룩한 꿈을 꾸었다. 즉 '정의가 강물처럼 흐르는 나라'가 그의 거룩한 꿈이었다. 오늘날 권모술수, 모략으로 정치계와 법조계와 언론이 합작을 해서, 사회주의자들이 국민을 집단 최면으로 몰고 가는 이때, 아모스의 거룩한 꿈을 구체화하자.

여덟째, 하박국의 꿈이다. 하박국 선지자 시대는 탈법, 불법, 도둑질, 사기를 치는 자는 출세하고, 떼돈을 버는 세상이었다. 하박국은 너무나 억울해서 하나님께 기도했는데 하나님의 답은 '그래도 말씀이 답이다', '하나님의 약속은 반드시 이루어진다', '의인은 믿음으로 살리라'는 계시를 받고, 하박국은 새로운 꿈이 생겼다. 즉 "물이 바다를 덮음같이 여호와의 영광을 인정하는 것이 세상에 가득함이니라"는 거룩한 꿈을 갖게 되었다. 결국은 하나님의 영광이 들어날 것이고, 결국은 살아계신 하나님의 주권이 이긴다는 거룩한 꿈이었다.

아홉째, 예수님의 꿈이다. 예수님은 우리의 구주이시고, 하나님의 아들이시고, 예수님은 유일한 우리의 중보자이시다. 예수님은 길이요, 진리요, 생명이시다. 그런데 예수님도 거룩한 꿈이 있었다. 그것은 "인자가 온 것은 섬김을 받으려 함이 아니라 도리어 섬기려 하고 자기 목숨을 많은 사람의 대속물로 주려 함이니라"(마 20:28)는 꿈이었다.

예수님의 꿈은 이 세상에서 죽기까지 사람을 사랑하고, 믿는 자들에게 영생을 주시는 것이었다.

열째, 사도 바울의 꿈이다. 유대주의자요, 율법주의자인 사울이 예수 그리스도의 은총의 포로가 되어 바울이 되었다. 그의 개종은 그의 꿈을 바꾸었다. 그의 첫 꿈은 인간이 자기의 의로 구원에 이르겠다는 인본주의적인 것이었다. 그러나 복음을 깨달은 후에 그의 꿈은 "예수 그리스도의 십자가만 증거하겠다"(고전 2:2)는 것이었다. 교리를 마감하고 난 후, 롬 11:36에 "만물이 주에게서 나오고 주로 말미암고 주에게로 돌아감이라 그에게 영광이 세세에 있을지어다"라고 그는 거룩한 꿈을 꾸었다.

지금까지 신구약 66권을 통해서 본 거룩한 꿈을 간략히 살펴보았다. 흔히 새해는 덕담으로 '복 많이 받으라'는 위로와 축복의 말보다, 우리 모두 성경에 나타난 '거룩한 꿈'을 꾸었으면 한다.

복 받아서 어쩌자는 건데?

20.

'헝가리'와 '헝그리'

    11월 초 대통령이 헝가리를 공식 방문했다. 2년 전에 다뉴브강에서 선박 사고로 희생된 한국인들을 추모했었다. 그리고 상호 경제 협력도 다짐했다고 한다. 헝가리의 관심사는 원전을 짓는데 한국의 도움이 절실히 필요하다고 했다. 그래서 대통령은 원전 개발에 동참한다고 승낙을 했다. 국내에서는 원전을 폐기하고 외국에 가서는 원전 개발에 동참한다고 했으니 이것은 대통령의 분명한 모순된 행동이다. 하기는 우리가 헝가리를 알고 지내는 것은 그리 오래지 않다. 그동안 사실 우리는 헝가리란 나라를 전혀 몰랐다.

    나는 헝가리의 수도 부다페스트의 모든 기관의 지붕에 공산당 깃발이 휘날리고 있을 때, 헝가리를 방문했다. 그러니까 헝가리가 아직도 자유화되기 전에 우리나라와 국교가 이루어지기 전인 1986년, 그해 여름에 헝가리를 방문했다. 때마침 헝가리의 데브레첸(Debrecen)에서 열린 '제4차 세계 칼빈학회대회' 참석하려고 갔었다. 한국 대표로 이종성 박사(장신대), 한철하 박사(ACTS)들과 함께 생전 처음 공산 국가였던 헝가리를 방문했다. 그때까지만 해도 헝가리 사람들은 대한민국을 전혀 몰랐다. 그들은 오직 북한과 평양만 알았을 뿐이었다. 그런데 공산 국가였던 헝가리에 무슨 세계 칼빈대회를 했을까 싶지만, 사실 헝가리의 긴 역사 가운데 공산당이 집권한 것은 그 당시까지 약 30여 년밖에 되지 않았다. 그 주변 국가들이 모두 헬라 정교회였지만, 헝가리는 유일하게 칼빈의 신학과 신앙을 받은 종교개혁의 나라이기도 했다. 그래서인가 헝가리에는 도시마다 '칼빈 거리'가 있고, 특히 데브레첸 개혁주의 대학은 칼빈이 제네바 아카데미를 세우기 21년 전인 1538년에 세워졌다. 특히 신학대학 도서관은 60만 권의 장서를 자랑하고 있다. 나는 그 대학 강당에서 모인 세계 칼빈학회에서 '너희는 저의 말을 들으라'는 변화산의 메시지를 가지고 설교했었다. 그래서 나는 헝가리 학자들에게 크게 각인되었고, 2002년에는 나의 책이 헝가리 말로 번역되어 출판기념회에 참석하기도 했다.

나는 헝가리를 무척 좋아한다. 그 이유 중에 하나는 우리와 신앙 노선이 같은 칼빈주의 사상가들이 많이 있었기 때문이다. 그래서 데브레첸 신학대학 대학원장과 나는 서로 오가며 아름다운 우정을 쌓아갔다. 그리고 20년 전에 헝가리 종교개혁의 발상지 쳉게르 교회에 초대 받아 설교를 하기도 했다. 특히 수도인 부다페스트는 동유럽의 파리라고 할 만큼 아름답다. 헝가리 사람들은 지금은 서

구화되었지만, 내용은 우리 민족과 아주 닮았다. 서양 모든 나라는 이름을 먼저 부르고 성씨를 나중에 부르는데, 헝가리만은 우리와 같이 성씨를 먼저 부르고 이름을 부른다. 그리고 말의 어순이 우리와 똑같다. 음식도 우리와 같은 것이 많다. 그들은 우리와 같이 수제비를 항상 먹고, 그리고 고춧가루를 좋아한다. 오래전에 헝가리 사람들이 우리 집을 방문했을 때 고춧가루 두 봉지를 선물로 가져왔다. 특히 호텔로 가서 양식 식사를 시켰는데, 종업원에게 고춧가루를 달라고 해서, 식당 종업원이 크게 당황한 적도 있었다. 또한 헝가리의 시골에 가면 할머니들 중에 우리들의 할머니와 모습이 비슷한 분들이 많고, 애기가 탄생하면 엉덩이 뒤쪽에 몽고 반점이 있다. 민족의 유사점 연구는 전문가가 할 일이지만, 나는 그들과 신앙적으로 정서적으로 통하는 것이 많다는 것을 말할 뿐이다.

1987년에 아직도 자유화가 되기 전에 또다시 헝가리로 가서 시골 교회들과 성도들을 방문할 기회가 있었다. 어느 트럭 운전사 기사 집에 저녁 초대를 받았다. 그는 내게 말하기를 "목사님! 조지 오웰의 동물농장을 아세요? 지금 우리 헝가리는 동물농장입니다" 하면서 공산주의를 향한 강력한 비판을 쏟아냈다. 헝가리 국민들은 1954년 소련군이 탱크를 몰고 쳐들어 왔을 때, 국민들은 맨주먹으로 항거했고, 탱크에 올라가 항거하고 통나무로 탱크를 저지했었다. 전통적인 아름다운 나라 헝가리가 공산화되자, 민생은 피폐해지고, 그 공산당 시스템에는 아무도 열심히 일할 필요도 없고, 자기 것이 아니니 알뜰히 가꿀 필요가 없었다. 도로는 여기저기 온

통 파여 있었고, 집은 수리되지 않은 채 방치되어 있었다. 한마디로 공산주의가 들어와서 나라가 망가지고 피폐해졌던 것이다. 그나마 당시 헝가리 정부는 교회에서 예배는 드리게 하되 전도하는 행위는 할 수 없도록 통제하고 있었다. 그래서인지 헝가리 교회는 그 어느 나라 교회보다 찬송이 뜨거웠었다. 그들의 믿음은 순수했었다. 서방 교회는 자유를 마음껏 누렸으나 세속화되었고, 신앙이 인본주의가 되어 하나님께 멀어져 갔다. 그러나 헝가리는 환란과 핍박 중에도 신앙을 지켰다. 헝가리 사람들은 나에게 농담 반 진담 반으로 '헝가리는 헝그리' 즉 '헝가리는 배가 고픕니다'라고 했다. 역사적으로도 신앙의 나라, 아름다운 전통의 나라가 사회주의, 공산주의 나라가 되어서 저토록 피폐해졌던 것이다.

나는 헝가리를 보면서 북한을 생각했다. 못된 사회주의, 공산주의, 독재 정치가 김부자 3대가 나라를 70여 년 동안 통치하는 동안 북한은 세계 최빈국 곧 거지 나라가 되었고, 자유 대한민국은 세계의 10대 강국이요, 번영된 나라가 되었다. 그러니 문제는 정치 체제, 사상 체제였다. 이제 '헝가리'는 더 이상 '헝그리'가 아니라, 우리와 교역의 파트너가 되어 계속 발전, 성장, 부흥하고 있다.

그런데 어쩌자고 자유 대한민국에 사는 종북 세력들은 못살고 망하는 쪽을 향해서 날마다 걸어가려고 하는가?

21.

희망과 소원

새해가 밝았다. 그래서 2022년의 새 카렌다를 걸어놓고 새로운 다짐을 해본다. 특별히 금년은 대선의 해이고, 기초 자치 단체의 선거가 있다. 신년 하례를 하면서 모두 덕담을 나누고 '복 받으라!'고 서로를 축복한다. 그리고 교회에서는 '송구 영신 예배'를 드리면서, 묵은해를 청산하고 새해는 희망의 해가 되기를 노래하고 있다. 그런데 소원과 희망은 서로 엇비슷하게 보이지만 서로 다르다.

사람들에게는 모두가 소원이 있다. 누구든지 소원과 희망을 가질 수 있지만, 소원은 지극히 이기적이고 자기중심적이다. 그래서 소원은 때로는 야망으로 변질되기 쉽다. 야망과 야심은 이룰 수 없는 목적임에도 자기의 소원과 야망을 위해서는 수단과 방법을 가리지 않는다. 금년은 선거의 해이고 정치의 해이다. 후보자들은 소원성취를 이룰 수만 있다면 희한한 술수를 쓸 것이고, 그 밑에 참모진들은 후보가 당선되어야 자기들도 한몫을 챙길 수 있고, 그 밑에 떨어지는 떡고물이라도 받으려는 소원 사항이 있을 것이다. 그러다 보니 소원을 이루려는 탐심과 탐욕이 동반된다.

지금 우리나라는 자기의 소원과 야심을 위해 온통 탐욕의 덩어리로 되어 가고 있고, 자신들의 뜻을 이루기 위한 희한한 공작이 이루어지고 있다. 모든 인간은 소원성취를 이룰 수만 있다면 양잿물이라도 마실 듯이 덤빈다. 소원하는 목표를 이룰 수만 있다면 물불을 가리지 않는 것이 인간이다. 소원성취에 몰입하면, 체면과 체통도 상관없고, 양심도, 정의도, 진리도 없는 거의 미친 사람의 지경에 이르게 된다. 그래서 그 소원이 이루어지지 않으면 말로 다 할 수 없는 깊은 절망의 늪에 빠지게 된다. 결국 이룰 수 없는 소원에 몰입하다가 빈손 들고 낙망의 벼랑 끝에 살다가 허망하게 인생을 망치는 경우가 허다하다.

그러니 새해는 제발 너무 많고 지나친 소원을 갖지 않았으면 한다. 왜냐하면 소원이 커지면 그것은 야망이 되고, 야망은 야심에서 나온 것이고, 그것은 결국 탐심과 탐욕에서 출발하기 때문이다. 그리되면 윤리와 도덕과 양심을 아예 무시하게 된다. 자기의 목적 달성을 위해서 거짓을 밥 먹듯 하고, 그러한 생각을 가진 패거리들을 한 데 모아서 감언이설로 쇠뇌시키고 정당을 이끌어 간다. 그렇게 되면 나라의 앞날은 없어지게 되어 있다.

한국 교회에서도 미국의 릭 워렌이 말한 뒤로 『목적이 이끄는 삶』이란 책에 홀딱 반해서, 목적이 좋으면 반드시 일이 성취되고, 수단 방법을 가리지 않고 인간은 자기의 소원과 마음먹은 대로 된다는 사상이 지금까지 한국 교회를 지배해 오고 있다. 그러나 그것은 성경의 진리도 복음도 아니고, 프로이드의 심리학에 불과하다. 그럼에도 이런 사상이 한국 교회를 뒤덮어서 '복음과 함께 고난을 받으라'는 사도 바울의 진리는 점점 빛을 잃어가고 있다. 이렇게 세상도 교회도 모두가 자신의 소원과 야망에서 놀아나다 보니, 기독교회는 어느덧 소원성취의 수준 낮은 종교로 변질되어버리고 말았다. 그러니 정부가 좌클릭 정책을 쓰고, 대통령이 종북주의가 되어도 입도 뻥긋 못하고, 자기 소원만 이룰 수 있고, 자신들이 품었던 야망을 실현할 수만 있다면 그만이라는 생각으로 움직이고 있다. 그렇게 '기독교가 소원성취의 종교'가 되면 빛 노릇 소금 노릇도 못하고, 어느덧 지도자들은 선지자적 사명도 잃어버린 벙어리가 되어버렸다.

소원과 희망을 구분하는 것은 본질적으로 중요하다. 소원은 우리 모두가 하고 있는 욕망의 내용이다. 소원은 우리의 이기적인 마음에서 생겨난다. 그래서 지금은 소원이 꿈과 비전이라는 좋은 말로 포장되어 있다. 그러나 희망은 우리의 믿음에서 생겨난다. 희망은 항상 역사의 배후에는 움직이시는 하나님께서 하시고자 하는 일을 지향한다. 하나님의 나라가 이 땅에 이루어지는 희망 즉 새 하늘과 새 땅을 바라보게 하는 것이다. 소원은 미래에 투사된 우리의 의지라면, 희망은 미래로부터 출현 된 하나님의 의지이다. 예컨대, '소원은 마치 끈이 달린 화살처럼 나에게서 나와서 미래를 향해 날아간다. 그러나 희망은 반대로 미래로부터 하나님에게서 나와서 나를 향해 날아온다.' 그러므로 희망을 품은 사람은 하나님과 살아 있는 관계를 가진다. 희망은 능력이다. 희망은 적극적이고 자극적이다. 희망은 우리로 하여금 예기치 못한 것을 기대하는 마음으로 학수고대하게 하고 우리를 생동력 있게 만든다.

우리의 희망 곧 소망은 믿음에 기초한다. "믿음은 바라는 것들의 실상이요 보지 못하는 것들의 증거"라고 성경은 말하고 있다. 망원경으로 저 멀리 산에 있는 것을 마치 눈앞에 있는 것처럼 보듯이 분명하게 본다. 일찍이 칼빈은 고린도전서 주석에서 "희망은 바로 믿음으로 안내하는 것이다"라고 했다.

새해 첫발을 디뎌놓은 우리가 탐욕과 탐심의 세계에 빠지지 말고, 지나친 소원성취에만 올인하지 말고, 더 큰 하나님 나라 건설과 공평과 정의가 이 땅에 실현될 것을 희망하면서 한해를 후회 없이 멋지게 살자!

22.

우산 이야기

요즘 장안에는 '우산 이야기'로 뜨겁다. 뒤늦은 장마로 여기저기서 게릴라식 폭우가 쏟아지기도 하고, 중남부 지역에는 비 피해도 많았다.

비가 오면 당연히 비를 피하기 위해서 우산을 쓴다. 하지만 요즘 우산은 색깔을 통해서 집단의 의사를 전달하기도 한단다. 그래서인가 요즘은 우산이 하나의 예술품이 되기도 하고 패션이 되었다. 비를 피할 때 쓰는 것은 우산이고, 햇볕을 차단하는 것은 양산이다. 그리고 아이들이 쓰는 것으로 투명하게 좌우로 볼 수 있는 비닐 우산도 있다.

오늘날은 의견을 집단으로 표현할 때, 노랑, 빨강 등, 색깔 있는 우산을 많이 사용한다. 최근에 법무부 차관이 어느 행사장에서 비가 오는 중에 연설하는데, 수행 비서가 콘크리트 바닥에 무릎을 꿇고 앉아서 우산을 바쳐 들고 있는 모습이 크게 이슈화되었다. 야당과 언론들은 그 모습을 발 빠르게 클로즈업 하면서 '과잉 의전'이라고 질타하였다. 그래서 법무부는 이러저러한 변명을 하면서 사과까지 했었다. 하지만 어떤 인사는 '그것은 법무부의 과잉 의전이 아니고, 방송 카메라 기자들이 좋은 영상 제작을 위해, 수행 비서의 우산을 바쳐 드는 각도를 이래라저래라 해서 생긴 것이다'라고 해명을 했다.

그런데 이를 두고 어떤 이들은 "가장 인권을 존중해야 하는 법무부 직원의 인권은 어디 있느냐?"고 했고, 또 "지금이 무슨 '조선 시대의 의전'이냐!"고 비꼬았다. 하기야 조선 시대는 지체 높은 양반들을 수종드는 사람들은 사실상 노비들이었다. 노비들은 양반이 말을 탈 때는 엎드려서 발판이 되어 쉽게 오를 수 있게 했다. 사실 그때는 인권이란 것이 없을 때였음에도 의전이라는 것이 있었다. 과잉 의전이 문제가 되자 최근 여야 대통령 후보들은 시민들의 눈을 의식한 듯 비가 오자 수행원의 우산을 잽싸게 챙겨드는 해프닝도 여러 번 보았다.

최근의 자료 사진들을 보면, 북한의 독재자 김정은도 자기 우산은 자기가 쓰고 있고, 세계적인 지도자들 모두가 자기 우산은 자기가 쓰고 있었다. 아예 트럼프 전 대통령은 빗속으로 비를 맞으면서 당당히 걸어가는 모습을 보였다. 이는 금번에 한국의 '우산 이야기'와 대비되는 장면이 아닐 수 없다. 이것을 두고 '우리나라는 아직도 권위주의 사상에서 깨어나지 못하고 있다'는 비판을 받고 있다.

　노태우 대통령이 후보로 나오자 제일 처음 하는 말이 '보통사람' 이란 신조어를 만들고, 권위주의 철폐를 부르짖었다. 전두환 대통령의 권위주의적 행보를 은근히 대비하면서, '보통사람의 시대'를 이끌겠다고 했다. 그 구체적 대안으로 자기가 대통령이 되면 아예 '각하'란 말을 쓰지 않겠다고 공언해서 그 말도 사라지게 되었다. 그 당시 군의 장성들도 '각하'라고 부르던 시절이었다.

　노태우 대통령이 보통사람의 시대를 열었다고 해서 권위주의가 없어진 것은 아니었다. 노 대통령이 '권위주의를 철폐 한다'고 했을 때, 필자는 '동아일보' 독자 칼럼에 쓰기를 "권위주의는 철폐하되 권위는 살려야 한다."라고 했었다. 즉 권위주의를 철폐한다고 스승의 권위, 부모의 권위까지 없애 버린다면 세상이 뒤죽박죽이 되고 암울해 질 것이라고 했다. 요즘은 민주화 운동의 전력이 있는 사람만이 법이고 진리이다. 촛불혁명을 통해 정권을 차지한 사람들은 갈수록 텃새를 부리고 있고, 심지어 권위주의를 행사하고 있다. 머리가 비어 있으니 권위주의로 자리를 버티는 모양새다.

　정치계의 의전도 다 메뉴얼이 있다. 메뉴얼 대로 한다면 문제가 없겠지만, 그렇다고 과잉 의전으로 조선 시대의 상전과 노비식으로 하면 안 된다. 그런데 종교계에는 무슨 의전 절차가 있는 것은 아니지만, 대형 교회 담임 목사들 중에는 좀 너무하다 싶은 의전도 있다고 들었다. 당회장 목사가 출근하면 기사가 10분 전쯤 핸드폰으로 도착 시간을 사무실에 알리면, 부교역자들과 직원들은 이열종대로 서서, 고개 숙여 인사로 맞이하는 것을 보았다. 이는 마치 대기업의 회장님의 출근 때의 상황과 엇비슷하다.

코로나19라는 펜데믹 상황으로 대부분의 교회가 어려움을 당하고 있고, 개척 교회가 힘겹게 한 주일씩 겨우 버텨가고 있는 이 시기에, 이런 의전이 옳은지 생각해 본다. 목회자의 권위는 외부적 꾸밈에 있지 않고, 오직 하나님의 말씀인 성경을 진실하게 선포할 때만이 참된 권위를 가질 수 있다.

이번의 '우산 이야기'를 들으면서 진정한 의미의 인권이 무엇인지를 살피는 중에 예수님의 말씀이 기억난다.
"사람이 양보다 얼마나 더 귀하냐!"(마 12:12)

23.

풍랑

나는 화란(네덜란드)과 관련이 많다. 왜냐하면 1960년대 초 신학을 시작했을 때, 한국의 위대한 성경 주석가인 박윤선 박사의 제자가 되었기 때문이다. 그때 박윤선 박사의 주석을 교정하는 일을 했었다. 그런데 박 박사님의 주석의 참고 문헌을 보면 절반은 영어이고, 절반은 화란어였다. 어린 마음에 박윤선 박사의 뒤를 따르려면 화란어를 공부해야겠다고 마음을 먹었다. 그러나 누구도 가르쳐 주는 사람이 없었다. 그래서 하루는 박윤선 박사님 댁을 찾아가서 "혹시 화란어를 자습할 수 있는 책이 있습니까?"라고 물었다. 그랬더니 박윤선 박사님께서는 영어로 된 Koolhoven의 화란어 문법책을 빌려주셨다. 당시에는 복사기가 없었기에 무조건 대학노트에 필기를 해야 했다. 그리고 그것을 우리말로 옮겨 1967년에 『화란어 문법의 연구』란 책을 펴내게 되었다.

그리고 그때 나는 한국 국사학계의 거목인 서울대학교 교수인 이병도 박사의 자택을 방문해서 "혹시 '하멜 표류기'를 원문에서 다시 번역해도 좋을까요?"라고 여쭈어보았다. 그때 이병도 박사는 이미 불어판에서 '하멜 표류기'을 번역하였고 주해까지 달았었다. 나는 화란어 원본을 본 일도 없으면서 화란어 원문에서 번역하겠다고 덤볐으니 그것은 그저 나의 돈키호테식 희망 사항이었다. 그런데 어쭙잖은 화란어 문법책 때문에 1970년에 한국 외국어 대학교 화란어과 창설 교수가 되었다(그 당시는 전임 대우 교수). 화란에 대한 관심이 그 어학을 공부하는 동기가 되었고, 그것이 꿈이 이루어져 암스텔담으로 가게 되었다.

화란은 서양 나라로는 우리나라와의 첫 번 교제하게 된 역사가 있다. 16세기 종교개혁 시대의 지도에 우리나라는 없었다. 그 당시 우리나라는 서양에 알려진 일도 없고, 아무런 교통도 없었다. 그러니 지도에 없을 수 밖에…그런데 뜻하지 않은 풍랑과 파도 때문에 조선은 세상에 알려졌고, 유럽이란 나라에 약간의 눈을 뜨게 되었다. 그것이 바로 1653년의 화란의 헨드릭 하멜(Hendrik Hamel) 일행이 일본 나가사키로 향하던 중 풍랑으로 표류하다가 제주도에 도착하게 된다. 그리고 제주에 도착한 이들은 14년 동안 한양과 전라도 지방을 오가면서 숱한 고생을 하였다. 말 그대로 그들은 낯설고 물설은 처음 본 동양의 은둔 국가 조선에 와서 조선옷을 입고, 조선 신을 신고, 조선 음식을 먹으면서 탈출의 기회를 엿보고 있었다.

그들은 언어도 글도 통하지 않았으나 놀라운 일이 있었다. 하멜 일행이 난파선으로 오기 전 25년 전에, 풍랑으로 제주도에 도착했던 또 다른 화란 사람이 이미 있었으니 그 이름은 박연(朴延 또는 淵, Wel-tevree)이다. 그는 조선에 정착해서 조선 여자와 결혼해서 1남 1녀를 낳고, 요즘식으로 말하면 '국방부에서 화포 만드는 기술 고문'쯤으로 있었다. 그러니 어느 날 제주도에서 난파선이 들어왔고, 당국에 체포된 이들을 심문할 수 없어, 박연을 통역으로 내려 보냈다. 하지만 25년 동안 화란 말을 쓰지 않았던 박연은 자기 나라의 말을 잊어버려 힘들었으나, 자기 동족을 만나서 드디어 말문이 터졌고, 그들을 최대한 도왔다.

우리 조선은 은둔의 나라이자, 지구상에 존재도 없는 나라였으나, '풍랑'으로 인해서 세상에 알려지게 되었다. 그런데 박연이라는 원래의 이름은 '벨트브레'로 당시 화란 개혁교회의 성도인 것으로 확인되었다. 화란은 스페인으로부터 독립하고, '윌리암 오렌지' 공이 왕으로 등극하면서 스페인의 로마 카톨릭을 버리고, 칼빈주의 신앙을 국시로 채용했다. 그래서 1618-1619년에는 돌트 총회(Dort Synod)가 열리고, 거기서 '칼빈주의 5대 교리'가 채택되고 나라 전체가 개혁주의 신앙으로 무르익을 때였다.

물론 박연은 선교사도, 목사도 아니고, 평신도라 할지라도 그는 상당한 교리적 체계와 지식을 갖고 이 땅에 와서도 경건한 삶을 살려고 애쓴 것이 분명하다. 효종실록에 보면 박연을 가리켜서 유류도자담(有類道者談)이라고 했다. 즉 '마치 도를 설명하는 자와 같다'라는 뜻이다. 또 다른 곳에는 순천자존 역천자망(順天者存 逆天者亡) 즉 '하늘을 순종하는 사람은 보존되고 하늘을 거스르는 사람은 망한다'는 말을 자주 했다고 썼다. 박연은 은연중에 성경과 기독교의 복음을 전했지만, 당시 사람들은 그것을 유학적으로 표현을 했고 그렇게 기록을 했다.

사실 나중에 하멜 일행이 탈출해 나가사키에 도착해서 경찰에 조사받는 내용이 일본 측 기록에 남아있었다. 일본 수사관이 묻기를 "당신네들은 吉利示團이요"라고 물었다. 즉 'Christian'이냐? 라고 묻자, 모두가 "野野"(야야)했으니 이것은 화란 말로 "Ja Ja"(네네)였다. 하멜 표류기를 보면 저들이 풍랑을 만났을 때, "함께 기도하자!"라고 했고, 하나님께 의지한다고 했다. 이런 이야기들은 뉴욕 콜롬비아 대학교 서아시아 언어와 문화 교수인 게리 레드야드(Gari Leyard) 교수의 저서 *The Dutch Come to Korea*에 나온다. 어쨌거나 그들은 이 땅에 기독교 신앙의 열매는 못 맺었다고 해도 1628년 벨드브레와 1653년의 하멜 일행이 이미 서양 개혁교회의 성도가 한국에 왔었고 복음을 전했으나, 당시는 준비가 되지 않았고 뿌리를 내릴 수 없었다.

우리 민족은 큰 폭풍우를 만났었다. 그동안 왜족과 오랑캐의 침략, 공산당의 준동은 우리에게 거센 폭풍이었다. 하지만 그 폭풍우 가운데 하나님의 섭리와 손길이 있었다. 이제 우리는 세계 변방의 나라가 아니라 세계 선교의 중심 국가가 되었다.

24.

루돌프 사슴코

　작년 성탄 이브였다. 시내에서 아이들과 함께 저녁을 먹고, 차로 명동, 종로, 을지로를 한 바퀴 돌았다. 그런데 몇몇 호텔과 백화점을 제외하고는 그 흔하디 흔한 크리스마스 트리도 없고, 반짝이는 영롱한 불빛도 거의 없었다. 특히 성탄 전야 때마다 북적대던 명동은 인적이 끊어졌다. 참 썰렁했다. 코로나19의 후유증이 이토록 심각한지는 서울의 중심가에도 불빛으로 나타났다.

　그 옛날 1960년대 성탄절의 추억을 뒤돌아보면 교회에서 학생들, 청년들이 교회에 함께 모여 크리스마스 캐롤을 부르고, 선물 교환을 하고, 대나무에 참 종이를 바르고 큰 별을 만들어서 새벽송을 돌던 생각이 난다. 대게는 소복이 쌓인 눈길을 뽀드득 뽀드득 밟으면서 성도들의 집 앞에서 캐롤을 부르던 아름다운 추억이 있다.

한국의 성탄절은 예수 그리스도의 탄생의 의미보다 거의 서구 문화에 묻은 여러 가지 전통이 깔려 있다. 그래서 대개 사람들은 성탄절 곧 Christmas로 기억하는 것은 루돌프 사슴코, 징글벨, 크리스마스 트리, 산타클로스, 성탄 카드가 생각난다. 하기는 이런 것은 실상 예수 그리스도의 성탄과는 아무런 관련이 없고 그냥 서양 문화일 뿐이다. 사실 크리스마스라 하지만, 오늘날은 Christ는 없고 Mas만 있다.

마스는 앵글로 섹션어로 '축제'란 뜻이다. 기독교의 세속화로 성탄절에 예수 그리스도는 온데간데 없고, 이 계절에 먹고, 놀고, 즐기는 날이 되었다. 그래서 미국도 한동안 Christmas 대신에 Holiday란 말을 쓰고, 아예 예수 그리스도를 빼버리는 문화를 만들었다. 그러다가 몇 년 전 트럼프 대통령이 Christmas를 복원하고, 백악관에서 성탄절 예배를 드렸다. 실제로 크리스마스 트리도 예수 그리스도의 성탄과 아무런 관련이 없다. 크리스마스 트리로 알려진 나무에 영롱한 방울과 이것저것을 거는 것은 독일의 토속 종교에서 나온 전통이고, 예수 그리스도의 성탄의 의미와는 무관하다. 그런 전통이 지구를 한바퀴 돌아서 미국을 거쳐 한국에 전달되었다.

교회에서 어린이들의 연극에서는 산타클로스가 빠지지 않았다. 특히 백화점에서는 산타클로스 영감이 제일 먼저 등장한다. 사실 산타클로스 영감의 생일은 12월 5일이다. 서양에는 그날을 한국의 어린이 날과 비슷했다. 그래서 서양 백화점은 그때부터 바겐세일 기간이다. 12월은 산타클로스가 12월 25일 성탄절까지 계속되다 보니 성탄절 대신에 산타 영감이 돋보인다. 지난해 팔지 못한 물건들을 땡 처리하는 기간이고, 그런 상징을 산타클로스로 만들었다. 성 니콜라스는 이른바 홍의 주교였다. 붉은 모자에 붉은 망토를 입고, 그의 생일인 12월 5일에 아이들에게 사탕과 과자 등 먹을 것을 나누어 주던 것이 전통이 되어 성탄절 하면 산타클로스 할아버지가 착한 아이에게 선물을 준다는 스토리가 되었다. 그러니 산타 영감도 예수 그리스도의 성탄과는 아무런 관련이 없다. 지금은 거의 사라졌지만, 성탄 하면 12월에는 성탄 카드 보내는 것이 큰일이었다. 그러나 지금은 카톡과 문자 메시지로 성탄과 새해를 축하하고 있다. 필자도 수십 년 동안 해외 친구들이나 친지들에게 약 300여 개의 카드를 보내곤 했는데, 지금은 카드를 보낼 일도 없고, 받을 일도 없어졌다. 이것 역시 예수 그리스도의 성탄과 직접적인 관련이 없다. 그 외에도 '썰매'니, '루돌프 사슴코'니 하는 것도 북유럽의 생활에서 나온 것이지, 예수 그리스도의 성탄과는 아무런 관련이 없다.

참된 성탄의 의미는 무엇인가?

성경에서 그 해답을 얻어야 한다. 공관복음에서는 예수 그리스도의 성탄에 대해서 아주 구체적 사건(Fact)을 기술하고 있다. 예수 그리스도는 오래전에 선지자가 예언한 데로 베들레헴에서 탄생했다. 동방의 박사들이 크고 이상한 별 곧 왕의 탄생을 예고한 별을 따라서 베들레헴에 도착해서 '황금'과 '유향'과 '몰약'을 아기 예수께 선물한 것이 역사적 사건으로 나온다. 베들레헴에 도착한 동방 박사의 도착 성명은 이랬다. "왕으로 나신 이가 어디 계시뇨?"라고 했다. 왕으로 오신 예수 그리스도를 모르면 성탄의 의미도 모른다. 예수께서 탄생했을 때, 천사들의 찬송은 "지극히 높은 곳에서는 하나님께 영광이요 땅에서는 하나님이 기뻐하신 사람들에 평화로다"고 했다. 예수의 탄생은 일반인의 출생과 같은 것이 아니고, 또한 성인들의 출생과도 다르다. 그것은 인류 역사의 위대한 사건이요, 하나님의 은혜요 축복이었다.

그런데 요한복음에서는 예수의 성탄의 의미를 명쾌하게 기술했다. 공관복음이 일간지라면 요한복음은 월간지 해설 기사라고 할 수 있다. 요한복음은 예수 탄생의 의미를 "말씀이 육신이 되어 우리 가운데 거하시매 우리가 그의 영광을 보니 아버지의 독생자의 영광이요 은혜와 진리가 충만하더라" 쓰고 있다. 예수 그리스도께서 탄생하신 것은 그냥 한 인간이 태어난 것이 아니고, 하나님이 성육신(成肉身)하신 사건이다. 하나님은 인간이 자기 힘으로 구속함을 받을 수 없음을 아시고, 하나님이 인간의 몸을 입고 이 땅에 오셔서 하나님과 인간 사이에 중보자가 되시고, 하나님과 우리 인간 사이에 말씀 곧 소통이 된 것이다. 이것은 말 그대로 '신(神)의 한 수'였다. 하나님이 죄인을 구원하는 방법은 하나님이 직접 설계하시고 계획하신 사건이 예수 그리스도의 성탄 곧 성육신 사건이다. 이 진리에 녹아지고 감격하는 사람이 참된 그리스도인이다.

코로나19로 좌절과 희망을 잃은 모든 백성들에게 주 예수 그리스도의 성탄의 기쁨과 평화와 은혜가 있기를…

25.

'광부'와 '간호사'

나는 화란 유학 시절에 하루는 관광 가이드로 돈을 번 적이 있다. 독일에서 일하는 간호사들이 관광버스를 타고 독일에서 암스텔담으로 왔다. 암스텔담의 첫 번 하는 관광은 보트투어로 암스텔담 카넬을 한 바퀴 도는데 한국말로 안내하는 자가 없어서 내가 투입되었다.

지금부터 49년 전이니 나는 별로 아는 것도 없으면서 독일 광부와 간호사들을 위해서 나름대로 한 시간을 배에서 관광 가이드를 하고, 독일 돈 100마르크를 벌었다. 그 후 독일의 광부와 간호사들이 있는 도시에서 주말마다 와서 예배를 인도해 달라는 부탁을 받았으나, 주말마다 6-7시간을 가서 다시 돌아오는 것은 체력적으로 힘들어서 할 수 없었다. 생각해 보면 가난한 한국에서 돈을 벌기 위해 뜨거운 지하 갱도에 들어가 사력을 다해서 석탄을 캐는 한국 광부들, 그리고 독일 사람들이 가장 싫어하는 시체 닦는 일을 비롯, 허드렛 일도 하는 간호사들의 눈물과 땀, 그리고 고독을 누군가 달려 주어야 했는데, 그들의 간청을 공부 때문에 들어주지는 못했다. 관광버스를 타고 온 간호사들 중에는 틈만 나면 한글 포켓 성경을 읽고 있었던 분들의 모습이 반세기가 가깝도록 지워지지 않았다. 힘들고 고된 일과 중에서도 하나님의 말씀을 읽고 묵상하는 간호사들을 잊을 수 없다. 그런 신앙이 지금의 대한민국을 일으켰다.

한편 독일의 광부와 간호사들을 생각하면 박정희 대통령이 생각난다. 때마침 박정희 대통령이 서거한 지 42주년이 되었다. 그동안 박정희 대통령의 공과에 대해서 수없이 많은 사람들이 평가를 했다. 한편 종북 세력들과 북한 집단은 박정희 대통령을 개발 독재, 군사 독재라는 프레임을 만들어, 대통령이 되지 않아야 될 사람으로 비판하고, 반민주주의 아이콘이라고 평가절하하였었다.

하지만 박정희 대통령은 5,000년의 가난의 때를 벗고, 말 그대로 '조국의 근대화'에 견인차 역할을 했고, 우리 민족의 위대한 지도자임을 세계가 다 인정하고 있다. 동남아시아나 아프리카에 가보면 그들이 말하기를 '대한민국은 박정희 대통령 같은 위대한 인물이 있었기에 오늘의 선진한국과 세계를 리드하는 국가가 되었다. 오늘의 대한민국은 바로 박정희 대통령 때문이다'라는 것을 침이 마르도록 칭찬한다. 그런데 유독 우리나라의 지식인이나, 공부 좀 했다는 교수들, 언론인들만은 박 대통령을 폄하하는 세력들이 많다.

박정희 대통령의 재임 시절 독일어 통역관이었던 '백영훈' 박사의 기록을 보면, 박정희 대통령은 1964년 12월 8일 서독의 엘 하르트 총리에게 "국민을 먹여 살릴 돈을 빌려달라"고 애절하게 호소를 하면서, "우리 국민 절반이 굶어 죽고 있다. 우리는 거짓말 안 한다. 빌린 돈은 반드시 갚는다"고 울먹였다고 한다. 박 대통령은 가난한 조국을 후대에 물려주지 않겠다는 집념을 가졌다. 지하 탄광 갱도에서 목숨을 바쳐 일했던 파독 광부들과 동양에서 온 천사들이란 말을 들은 파독 간호사들이야말로 오늘의 대한민국을 이룩하는데 초석이었다.

1961년 5월 16일, 군사 혁명을 한 박정희는 '하면 된다'는 의지만 확고하면 무엇이든지 할 수 있다고 했다. 하지만, 경제는 말대로 되는 것은 아니었다. 그는 절망과 기아선상의 우리 백성들을 살리려고 했으나 돈이 없었다. 세계에서 가장 가난한 나라였기에 누구 하나 도와준다는 나라가 없었다. 심지어 미국 케네디 대통령에게도 문전 박대를 당했다. 미국이 5·16 혁명을 인정 못하니 원조는 안 된다는 논리였다. 또한 국교도 없는 일본에 돈을 빌릴 수도 없는 노릇이었다. 그래서 라인강의 기적으로 불리는 신흥 대국 서독을 생각했던 것이다. 서독도 분단 국가의 아픔과 패전의 상처를 딛고 일어서는 나라임을 보면서 박 대통령은 '우리도 전쟁의 빚더미에서 한강의 기적을 일구자'라고 생각했다.

독일 측은 한국으로부터 광부와 간호사들을 파견해 주면 그것을 담보로 한국에 돈을 꾸어준다고 했다. 당시 한국은 40%가 실업자이고 국민소득이 79달러 시절이었다. 말하자면 세계의 거지 국가였다. 독일 광부 30%가 대졸자들, 그들은 지하 1,000m에서 생명을 걸고 일했다. 1977년까지 독일로 건너간 광부는 7,932명, 간호사는 1만 226명이었다. 1964년 12월, 박 대통령이 독일을 방문할 때, 우리 비행기가 없어서 독일의 상용 비행기를 빌려 타고 갔다. 박 대통령과 육영수 여사는 독일에서 그토록 수고하는 간호사와 광부들을 만나고 주체할 수 없는 눈물을 쏟았다. 물론 광부들과 간호사들도 조국의 대통령과 영부인을 보고 애국가를 부를 때, 모두 눈물바다가 되었다.

오늘의 자유 대한민국이 있기까지 위대한 박정희 대통령의 예지와 영도력이 없었다면, 서독 광부와 간호사들의 눈물과 땀이 없었던들 오늘의 번영된 대한민국은 없다. 1961년 5월 16일, 혁명하던 그 날 새벽, 박정희 소장이 장도영 참모 총장에게 드리는 편지의 내용은 다음과 같다.
"만약에 우리들이 선택한 이 방법이 조국과 겨레에 반역이 되는 결과가 된다면 우리들은 국민들 앞에서 사죄하고, 전원 자결하기를 맹세합니다"라고 썼다.

박 대통령은 조국 대한민국의 근대화를 위해서 생명을 걸었다. 당시 파독 광부들과 파독 간호사들도 생명을 걸었다. 그래서 모두들 박 대통령과 육영수 여사의 손을 잡고 흐느껴 울었다.

26.

이순신은 없는가?

　이순신의 영정은 없다. 얼마 전 이순신의 영정을 그린 분이 친일파라 하여 철거했다. 따지고 보면 해방 전에 살던 사람은 모두가 친일파였다. 일제에 항거한 민족 지도자 몇 분, 그리고 신사 참배를 반대하여 순교한 분들과 출옥 성도 정도가 절개를 지켰다. 이순신의 영정은 어디도 없다. 그냥 이순신 영화에 분장한 배우들의 얼굴이 이순신을 대신하고 있다. 모두 엉터리다.

　그런데 조선조 후기에 작자 미상인이 이순신의 얼굴을 그린 초상화는 미국 볼티모어(Baltimore) 미술관에 있다. 그 초상화를 보면 이순신은 마치 징기스칸을 닮은 무인으로 묘사하고 있다. 나는 어찌어찌해서 그 이순신 초상의 카피 본을 구할 수 있었다. 굵은 천에 컬러로 된 그림이다. 우리나라에는 사실 이순신의 표준 영정도 없을 뿐 아니라, 이순신의 나라가 이순신을 잘 모른다. 그러니 이순신은 없다. 모두들 이순신을 들먹이지만, 왜적을 물리친 이순신의 탁월한 전술과 그의 전공만을 말한다. 이순신의 위대함은 단순히 반일(反日)에만 있는 것도 아니다. 그는 열악한 당시의 군 장비를 가지고, 왜적을 철저히 괴멸시킨 탁월한 지휘관으로 생각하고, 반일 사상 고취에 이순신을 이용하고, 정치적으로 철저히 이용해 먹고 있다.

참 오래전 일이다. 지금부터 40년 전에 일반대에서 데모 주동자로 있다가 퇴학을 당한 학생이 총신대에 왔었다. 그를 관심을 가지고 도왔는데, 그는 목포 출신이고 부친이 목포시장을 지냈었단다. 그래서 그가 하루는 나에게 희귀한 문서 하나를 갖고 왔다. 이순신이 전라 좌수사 시절의 장계라 했다. 해군 사관학교 박물관에 보내려 하는데 정 학장이 역사에 특별히 관심이 있는 듯해서, 똑같이 한 부를 복사했다고 했다. 그러나 그 후 10여 번의 이사 때문에 분실되어 참으로 아깝고 안타까웠다.

최근에 선거판이 더러운 추문으로 얼룩지고 있다. 전과 4범이 대통령이 되겠다고 덤비고, 민노총과 전교조의 뒷배를 이용해서 선거판에 온갖 감언이설로 혼탁해지는 시대에 우리 역사에 모범적 지도자상은 누군가를 생각게 한다. 그런데 갑자기 이순신 장군을 들먹인다. 그 이유는 사악한 왜적을 통쾌하게 물리친 민족의 영웅이란 점에만 초점을 맞춘다. 이순신을 이용해 먹는 반일(反日), 항일이 오히려 그의 진정한 인격을 반감해버렸다.

최근에 나는 어느 주간 잡지사의 소개로 이순신의 인격과 삶을 아주 잘 소개한 책이 있다 하여 인터넷으로 구입해서 모두 읽어 보았다. 저자는 이순신의 친조카로서 이순신의 초임 장교 시절부터 전사할 때까지 곁에서 섬기던 이분(李芬)이 쓴 행록(行錄)이란 책이다. 나는 이 책을 다 읽고 난 후, 이순신의 전승은 그의 탁월한 전술과 용병술에 있기보다는 평소 그의 인격과 삶이 중요함을 깨달았다.

이 책에서 몇 가지 일화를 소개하면, 당시 병조 판서인 김귀영이 자신의 서녀를 이순신의 첩으로 주려고 하자, 이순신은 이를 단호히 거절했다. 이순신은 "벼슬길에 갓 나온 사람이 권세가의 발을 들여 놓아야 되겠는가?"라고 하였다. 뿐만 아니라 당시 이조판서 율곡이 류성룡을 통해 이순신에게 만나자는 뜻을 전했다. 이때도 이순신은 그 청을 거절했다고 한다. 그러면서 이순신은 "나와 율곡이 같은 성씨라서 만나 볼 수는 있지만, 그가 이조판서로 있는 동안에 만나 보는 것은 옳지 못하다"고 하였다.

또 하나의 예로는 이순신이 발포(지금 고흥 소재) 책임자 시절에 전라 좌수사가 거문고를 만들려고 성박이 사람을 보내어 발포 객사의 뜰에 있는 오동나무를 배어 오라고 했다. 하지만 이순신은 그의 청을 단호히 거절했다. 그리고 이순신은 "이것은 관청의 물건이요"라고 하면서 굳건히 오동나무를 지켰다. 그때나 지금이나 군대는 상하 관계가 엄격하지만, 이순신은 상관의 요구라도 부당한 것이면 거부했다. 이 이야기들은 행록에 나와 있는 사건 중에 일부에 불과하다.

선거판이 더러운 추문으로 얼룩지고 그것을 만회하려는 듯 이순신을 들먹이고, 이순신의 용맹과 반일, 항일을 앞세우는 도구로 써먹는 참~염치없는 정치꾼들을 보면서, 이순신의 그 고결하고, 깨끗한 인격과 인품을 그리워하게 된다. 망둥이가 뛰니 꼴뚜기도 뛴다더니 어중이떠중이가 대한민국호를 건질거라고 하는데, 문제는 지도자가 기본이 되어 있어야 한다. 기본 인격과 삶이 뒤따르지 않는 허접한 인간은 절대로 나라의 지도자가 될 수 없다.

우리에게는 이순신의 영정도 없고, 이순신의 인격과 삶, 그리고 그의 원칙을 따르는 자도 없다. 이순신은 그냥 임진년에 나라를 구한 위대한 영웅이기 전에 불의와 부정과 부패에서 자신을 지키고, 사나 죽으나 조국을 위해서 죽기까지 충성했던 지도자였다.

오늘의 이순신, 오늘의 이승만, 오늘의 박정희는 없는 건가?

27.

심판은 있다.

　최근의 보도에 의하면 전 세계가 '지진', '토네이도', '홍수', '폭우', '폭풍', '폭설', '쓰나미', '화산 폭발'로 말미암아 엄청난 고통을 당하고 있다. 특히 미국 전역에는 토네이도로 말미암아 집이 부서지는 것이 엄청 많다고 한다. 그뿐 아니라 캘리포니아에는 폭설이 오고, 알래스카에서는 지진으로 도로가 갈라지고 수많은 집들이 파괴되어 비상사태를 선포했다. 뉴욕도 폭설로 비상사태라고 들었다. 미국 전 지역에서 자연재해가 끊임없이 일어나고 있다. 뿐만 아니라, 남미 브라질과 페루 등 각국에서도 '지진'과 '홍수'로 몸살을 앓고 있다. 또 유럽 각국도 홍수로 말미암아 집이 떠내려가는 엄청난 인명 피해를 입었다고 한다. 불란서, 그리스, 아일랜드, 독일, 터키 등 그 외 북유럽도 엇비슷하다. 특히 아시아권은 중국을 비롯해 일본, 인도네시아, 필리핀, 이란, 네팔 등도 엄청난 폭우와 지진 등으로 지형이 변하고, 수많은 사람이 죽어 나가고 건물이 파괴되고 도로가 소실되었다.

  기후 학자들은 이런 현상을 '자연재해'라고 하고, 해수면의 온도가 1도 이상 올라 이상 기후가 생겨났다고 한다. 인류 역사에 이토록 전 세계적 지진과 홍수와 토네이도는 일찍이 경험하지 못한 것이라고 하면서 당장 누구 하나 뾰족한 대책을 내놓은 지도자도 없는 실정이다. 국제적으로 탄소 배출량을 줄이려는 운동이 일어나고 있고, 플라스틱을 사용하지 말자는 운동도 일어나고 있다. 하지만 북극과 남극의 빙하는 자꾸 녹아내리고 여기저기서 자연재해로 인한 인류의 시급하고 당면한 과제를 해결하기에는 인간은 너무도 무력해 보인다.

  더구나 2년째 계속되는 코로나19 팬데믹으로 2억 명 이상 확진자가 생기고, 전 세계는 수십만 명이 죽어 나가고 고통을 당하고 있다. 이로 말미암아 각국의 경제적 손실은 말할 것도 없고, 정치적, 경제적 지형까지 바뀌어 가고 있다. 그런데 최근 이러한 전 세계적이고 전 지구적 고통은 그냥 자연재해로만 볼 수 없을 것 같다. 같은 사건을 가지고도 과학자가 보는 견해도 있고, 정치가나 경제학자가 보는 견해도 있지만, 우리 같은 신학자가 보는 견해도 있다.

  성경을 보면 마지막 때에는 '지진', '기근', '역병'이 있을 것이라고 했고, '만물의 마지막이 가까이 왔다'라는 표현도 있다. 그리고 말세에는 '사람들은 자기를 사랑하고', '돈을 사랑하고', '자긍하며', '교만하며', '훼방하며', '부모를 거역하며', '절제하지 못하고', '사나우며' 등등을 말하면서 '고통의 때'가 이를 것이다라고 했다. 이런 말씀들은 2000년 전에 쓰여진 사도 바울의 메시지인데, 꼭 대한민국의 현실에 주시는 경고와 다름이 없다. 그러므로 지금 인류가 당하는 이런 고통을 단순히 기후 변화나 바이러스의 창궐로 인한 고통으로만 볼 것이 아니라, 타락한 인간이 짐승처럼 되어 가는 이 시대를 향한 하나님의 '심판'이 아닐까 생각해 본다. 나 같은 사람이 이런 말을 하면 어떤 이들은 잠꼬대 같은 소리로 치부할지 모르지만, 2년이나 계속된 펜데믹 사건으로 사람들이 맥없이 죽어가고, 지진과 폭우, 폭설, 토네이도로 전 세계가 뒤죽 박죽 된 것이 그냥 우연한 기후 변화로만 볼 것이 아니라, 좀 더 진지한 생각을 했으면 한다.

사람이 국법을 어기면 사법적 심판을 받게 된다. 그러나 역사를 보면, 사법적 심판이 없으면 역사의 심판이 있었다. 그리고 역사의 심판이 없으면 '하나님의 심판'이 있었다. 인간의 죄악이 극에 달했을 때, 소돔과 고모라에 유황불을 쏟아서 당시 인간을 멸망시킨 일도 있고, 노아 시대는 아무도 하나님을 바로 알리는 자도 없고, 제멋대로 마치 인간 자신이 하나님이 다 되어버린 그 죄악의 시기에 하나님은 '홍수'로 노아의 여덟 식구 외에 인류를 쓸어 버렸다. 그런데 이때도 인간의 죄와 거짓을 일깨워서 경고하는 사람이 있었다. 최근에는 '인간의 죄에 대해서 심판은 없을 것이다'라고 말하는 자들이 거의 대부분이다. 그들은 모두 낙관주의 사상을 가진 자들과 향락주의에 빠진 사람들, 돈의 신(神)에 빠진 자들인데, 심판이란 없었으면 하는 것이 소원이고, 아예 의식하지도 않으려고 한다.

최근에 우리나라에는 알만한 사람, 멀쩡한 사람이 이유 없이 죽어가고, 실종되는 사건이 계속 일어나고 있다. 참 기가 막힌다. 누구의 짓인지 알 길이 없으나, 사법적 심판은 피할 수 있어도, 역사의 심판이 있을 것이고, 역사의 심판이 더디어지면 하나님의 심판이 반드시 있을 것이다. 이런 생각은 성경적 세계관을 가진 자들이 보는 견해이다. 이 세상은 우연히 생겨서 우연히 흘러가다가 우연히 마무리되는 것이 아니다. 성경적 세계관을 가진 사람은 역사의 배후에 하나님이 계시고, 하나님이 만물을 섭리 간섭하시고, 결국은 하나님이 심판하신다는 견해를 분명히 갖고 있다.

그런데 이러한 비상시국에 어찌하여 한국의 강단에는 인간의 죄에 대한 하나님의 심판의 메시지는 살아져 버렸을까? 그것은 우주의 주관자 되시는 하나님을 의도적으로 배제하고 오늘의 바벨탑을 쌓고 '자기 사랑', '인간예찬'으로 이 땅에서 행복하게 살자는 거짓된 인본주의 사상에 매몰되었기 때문이 아닐까?

오늘의 모든 거짓된 정치꾼들도 결국 투표로서 심판해야겠지만, 하나님의 심판이 없는 듯이 말하고 회개의 외침 없이 인간의 행복과 '자력 구원'을 부추기는 목사들도 하나님의 심판을 받을 것이다.